DIAGNOSTIC FINANCIER

Conseiller éditorial : DANIEL SOPEL

MARTINE HARANGER-GAUTHIER
MAY HELOU

HACHETTE
Supérieur

LES FONDAMENTAUX

LA BIBLIOTHÈQUE DE L'ÉTUDIANT

Collection créée par Caroline Benoist-Lucy

Dans la même collection :

Économie, Gestion

5 **Comprendre la formulation mathématique en économie** (D. Schlacther)
2 **Relations économiques internationales** (J.-L. Mucchielli)
3 **Économie politique/1. Introduction et microéconomie** (J. Généreux)
4 **Économie politique/2. Macroéconomie et comptabilité nationale** (J. Généreux)
5 **Économie politique/3. Les politiques en économie ouverte** (J. Généreux)
20 **Comprendre les mathématiques financières/Cours et exercices résolus** (D. Schlacther)
31 **Économie de l'entreprise** (X. Richet)
61 **Économie générale** (E. Bosserelle)
92 **Économie de l'environnement** (L. Abdelmalki, P. Mundler)
125 **Problèmes économiques contemporains/Les grands pays industriels** (F. Teulon)
126 **Problèmes économiques contemporains/Les pays en développement** (F.Teulon)
128 **Économie européenne** (D. Redor)
136 **Comptabilité générale** (R. Guillouzo, L. Jaffré, P. Juguet)
150 **Comptabilité de gestion** (A. Amintas, R. Guillouzo)
154 **Microéconomie/Cours et exercices résolus** (A. Luzi)

www.hachette-education.com

ISBN : 978-2-01-145892-6

Sommaire

Introduction

Cet ouvrage s'adresse à tous ceux qui, par goût, ou par nécessité, ont à lire des documents financiers, bilan, compte de résultat et annexes, et qui souhaitent les comprendre, les interpréter et porter un diagnostic. Il peut donc concerner tous les acteurs de la vie économique, chefs d'entreprise, salariés, clients, fournisseurs, banquiers, actionnaires, investisseurs et aussi tous ceux qui souhaitent apprendre et comprendre, étudiants, particuliers concernés par l'activité des entreprises...

Ce livre a pour objectif de faire saisir les mécanismes de base de la finance de l'entreprise traduite dans ses documents financiers. Nous n'avons pas vocation à faire de nos lecteurs des analystes financiers professionnels mais d'en faire des acteurs avertis de la vie des entreprises. De les aider à détecter le plus rapidement possible les risques, la profitabilité et la rentabilité.

Nous sommes partis des documents accessibles à tous, c'est-à-dire les comptes sociaux qui sont obligatoires pour toute entreprise, et que celle-ci doit déposer au greffe du tribunal de commerce où l'on peut se les procurer. Ces comptes obéissent aux normes comptables françaises.

Volontairement, nous n'aborderons pas la question des comptes consolidés qui doit faire l'objet d'une démarche spécifique et qui s'appuie sur un référentiel comptable différent.

De même, nous ne travaillerons pas sur les documents financiers internes à une entreprise et qui ne sont accessibles qu'aux dirigeants et acteurs concernés.

Chapitre après chapitre, nous nous sommes efforcées de vous présenter simplement les notions de base qu'il est indispensable de maîtriser ainsi que des exemples et des remarques présents pour mettre en pratique, mais aussi préciser des aspects moins fondamentaux et qui n'auraient pas été traités dans l'exposé théorique.

Après un rappel rapide des documents comptables – bilan, compte de résultat et annexe – nous aborderons l'analyse et l'interprétation de ces documents en partant de ses conditions de fonctionnement à travers son bilan pour ensuite étudier l'activité de l'entreprise et finir par la dynamique des flux.

Dans chaque chapitre nous présenterons :

– l'information contenue dans les documents publiables, sa pertinence et ses limites, ainsi que les corrections que l'on peut y apporter en tant qu'analyste financier ;

– les reclassements qu'il est souhaitable de faire ;

– les points critiques auxquels il faut porter une attention particulière ;

– les ratios les plus couramment utilisés.

Cet ouvrage est la première étape avant de poursuivre plus avant dans l'analyse des comptes consolidés et dans l'approfondissement de la finance d'entreprise.

Une partie des retraitements que nous proposons dans cet ouvrage à partir des concepts sociaux (Plan comptable général) pourra être partiellement remise en cause par l'application des normes comptables internationales (IFRS) applicables actuellement uniquement pour les comptes consolidés. La date d'application pour les PME n'est pas encore fixée à ce jour.

Partie 1

Le bilan : les actifs, les passifs et leur interprétation

Le diagnostic financier de l'entreprise se fait à partir des données comptables légales et fiscales que sont le bilan, le compte de résultat et l'annexe. Cependant, ces informations ne sont pas suffisantes pour faire un bon diagnostic, il faudra y ajouter des données complémentaires concernant le secteur d'activité, le marché, la concurrence...

Dans ce chapitre, nous partirons du bilan comptable mais nous chercherons à avoir une vision plus économique, ce qui nous conduira à effectuer quelques retraitements à partir de la base comptable.

Rappel :

– Le bilan est établi à un moment donné, en fin d'exercice, et n'est donc que la photo de l'entreprise à cette date-là. Le bilan donne des informations sur les actifs et les passifs de l'entreprise.

– Les actifs sont des éléments de patrimoine qui doivent générer des avantages économiques pour l'entreprise (ex. : brevets, machines) ou qui sont nécessaires à son fonctionnement (matériel de bureau, matériel informatique). Les actifs représentent ce que l'entreprise possède et qu'elle peut céder si nécessaire afin de récupérer de la trésorerie.

– Les passifs sont des ressources qui permettent de financer l'actif. Ces ressources peuvent provenir des actionnaires, ce sont les capitaux propres, ou de tiers, ce sont les dettes.

Par définition, il y a égalité entre les actifs et les passifs. Dans le langage économique, on utilise pour l'actif le terme d'**emplois** et pour le passif le terme de **ressources** :

0.1 Vision simplifiée d'un bilan

ACTIF	PASSIF
Ce que l'entreprise possède	Les moyens de financement
EMPLOIS	RESSOURCES

ACTIF				PASSIF	
	Montants bruts	Amortissements et dépréciations	Montants nets		Avant répartition du résultat
Actif immobilisé				Capitaux propres	
Immobilisations incorporelles				Provisions pour risques et charges	
Immobilisations corporelles				Dettes financières	
Immobilisations financières				**Dettes courantes**	
Actif circulant				Fournisseurs	
Stocks				Autres	
Créances					
Trésorerie					
Total				Total	

1

Les immobilisations

1. Le cadre général

Les premiers postes figurant à l'actif du bilan sont des immobilisations. Elles sont présentées selon trois types :

– immobilisations incorporelles : ce sont des actifs qui n'ont pas de substance physique ;

– immobilisations corporelles : sont des actifs physiques détenus pour l'activité (production ou usage interne) dont la durée de vie est supérieure à un an ;

– immobilisations financières : sont des actifs détenus sous forme de titres ou de créances rattachés à ces titres ainsi que des sommes prêtées ou bloquées sur des durées supérieures à un an.

Elles sont enregistrées selon leur coût d'acquisition en valeur brute (première colonne). Elles donnent lieu à un amortissement ou à une dépréciation (deuxième colonne) si nécessaire. Ces dépréciations vont diminuer la valeur brute et donner la valeur nette qui figure en troisième colonne.

Les immobilisations sont des éléments identifiables qui vont permettre à l'entreprise de produire des biens ou des services (les machines, les brevets) ou qui sont nécessaires au bon fonctionnement de l'entreprise (informatique, bureau...). Les immobilisations ont par nature une durée de vie supérieure à un an. On les distingue des charges qui sont considérées comme utilisées et consommées dans l'exercice. Par tolérance, certains biens de très faible coût – en général inférieur à 500 € – ne sont pas considérés comme des immobilisations, même si leur durée de vie est supérieure à un an (ex. : une calculatrice de poche).

2. Le détail des comptes

A. Les immobilisations incorporelles

Tableau 1.1

Frais d'établissement	Frais engagés lors de la constitution, la transformation de la société ou d'une augmentation de capital. Ces frais sont amortissables au maximum sur 5 ans. Le Conseil national de la comptabilité propose depuis 2005 de les comptabiliser de préférence en charges de l'exercice.
Frais de recherche et de développement	Coûts de recherche appliquée et de développement qui doivent se rapporter à des projets nettement individualisés. La recherche fondamentale doit être comptabilisée en charges
Concessions, brevets, licences, marques, procédés, logiciels, droits et valeurs similaires	Dépenses d'acquisition ou de création
Fonds commercial	Éléments incorporels qui concourent à l'activité (ex. : clientèle, emplacement, réputation...). Le fonds commercial est enregistré uniquement en cas d'acquisition
Immobilisations incorporelles en-cours	Exemple : création en interne d'un brevet non encore achevé
Avances et acomptes	Somme versée en vue de l'obtention d'un bien incorporel

B. Les immobilisations corporelles

Tableau 1.2

Terrains	Les terrains peuvent être bâtis ou non bâtis, amortissables (ex. : carrières) ou non amortissables (ex. : terrains d'usine)
Constructions	Les bâtiments ainsi que leurs aménagements, sur sol propre ou sur sol d'autrui. Les constructions s'amortissent selon leur durée de vie économique
Installations techniques, matériels, et outillage industriels	Concerne les équipements techniques et les machines. Ils s'amortissent selon leur durée de vie économique ou leur durée d'utilisation par l'entreprise
Autres immobilisations corporelles	Matériel de bureau et informatique. Ils s'amortissent selon leur durée de vie économique ou leur durée d'utilisation par l'entreprise
Immobilisations corporelles en-cours	Immobilisations qui ne sont pas encore terminées. Elles ne s'amortissent pas
Avances et acomptes	Somme versée en vue de l'obtention d'un bien incorporel

➡ **Remarque** Un bien financé par crédit-bail ou en location financière n'apparaît pas au bilan car l'entreprise n'en n'est pas propriétaire. Dans une vision plus économique de l'actif, nous préconisons de le retraiter, c'est-à-dire de l'ajouter aux autres actifs corporels et de mettre en contrepartie au passif l'endettement correspondant.

C. Les immobilisations financières

Tableau 1.3

Participation	Titres de participation (entre 20 et 50 %) et de filiales > + 50 %
Créances rattachées à participation	Ex. : prêts faits à une filiale
Titres immobilisés de l'activité de portefeuille	Titres de moins de 20 % liés à l'activité
Autres titres immobilisés	Titres de moins de 20 % non liés à l'activité
Prêts	Ex. : prêts au personnel…
Autres	Sommes bloquées plus d'un an (dépôts et cautionnement)

D. Les valeurs d'acquisition

La règle générale est de comptabiliser au bilan les immobilisations à leur coût d'acquisition.

Tableau 1.4

Les immobilisations produites par l'entreprise	La valeur au bilan correspond au coût de production. Ce coût est déterminé à l'aide de la comptabilité analytique tenue par l'entreprise, les arbitrages à faire au niveau de l'affectation des différentes charges peuvent conduire à se poser la question de leur juste valorisation. On y trouve essentiellement : – dans les immobilisations incorporelles, des frais de recherche, des brevets, des logiciels ; – dans les immobilisations corporelles, des constructions, des installations techniques et d'autres immobilisations corporelles.
Les immobilisations achetées	La valeur au bilan correspond au coût d'achat incluant les frais de douane, les frais de transport et d'installation majorée des frais estimés de remise en état (frais à dépenser dans le futur au moment de la mise à rebus du bien).

Le coût d'acquisition reste une référence importante dans la comptabilité générale. Mais lorsqu'une immobilisation perd de sa valeur, elle est amortie ou dépréciée (voir par. suivant). En revanche, si la valeur de l'immobilisation augmente, une réévaluation est possible dans certaines conditions et la plus-value latente qui en découle est en principe imposable, ce qui constitue un frein important à cette pratique. Donc, en règle générale, les moins-values latentes doivent être comptabilisées alors que les plus-values latentes sont négligées dans le bilan comptable.

E. Les amortissements et les dépréciations

LES AMORTISSEMENTS

Lorsqu'un actif immobilisé a une durée d'utilisation limitée dans le temps pour des raisons physiques (ex. : vieillissement d'un bâtiment), technique (ex. : perte de performance d'une machine), juridique (ex. : protection d'un brevet), on prend en compte la perte de valeur du bien, année après année, en l'amortissant. Ainsi, un véhicule dont la durée de vie est estimée à 5 ans va être amorti chaque année de 20 %.
Le montant amorti vient en déduction de la valeur brute pour donner la valeur nette.

Exemple 1

Un véhicule acheté en début d'année pour 30 000 € a perdu au bout d'un an 1/5 de sa valeur.

	Valeur brute	Amortissement	Valeur nette
Véhicules	30 000	6 000	24 000

Le montant amorti correspond à une dotation aux amortissements qui est une charge d'exploitation dont la contrepartie figure au bilan en diminution de l'actif. Tous les ans, des dotations seront faites et s'ajouteront aux amortissements des années antérieures.

Année 2 du véhicule :

	Valeur brute	Amortissement	Valeur nette
Véhicules	30 000	**12 000**	18 000

La durée d'amortissement dépend de l'usage que l'on fait du bien. La valeur amortissable correspond à la valeur qui va être « consommée ».

Exemple 2

Un véhicule acheté 30 000 € ne va servir que 3 ans et peut se revendre 9 000 €. On amortira la valeur suivante :

– Prix d'acquisition – valeur résiduelle = valeur amortissable.

– Soit, 30 000 – 9 000 = 21 000 € amortissables sur 3 ans, soit 7 000 € par an.

L'amortissement se fait au *prorata temporis* en fonction de la date de mise en service du bien.

Le plan d'amortissement est révisable tous les ans. Si l'on constate en fin d'exercice que la valeur vénale du bien (valeur de marché) ou sa valeur d'usage (les avantages qu'on en attend) est inférieure à la valeur nette, le plan d'amortissement est révisé pour tenir compte de la nouvelle valeur qui sera la plus forte entre la valeur vénale et la valeur d'usage.

Exemple 3

Une machine acquise 150 000 € est amortie sur 5 ans. Au bout d'un an, sa valeur nette est :

	Valeur brute	Amortissement	Valeur nette
Véhicules	150 000	30 000	120 000

Sa valeur de marché est alors de 80 000 mais sa valeur d'usage c'est-à-dire ce que l'on attend de son utilisation, est de 100 000. Dans les deux cas, l'on considère que la valeur nette est trop élevée. On va donc rectifier le plan d'amortissement en retenant la nouvelle valeur qui sera la plus forte entre la valeur vénale et la valeur d'usage, ici 100 000.

Pour les biens ayant différents composants (éléments d'un bien qui sont remplaçables et qui ont des durées de vie différentes, par exemple un ascenseur dans un immeuble) il y a autant de plans d'amortissement que de composants.

➨ **Remarque** Le fisc admet des durées d'usage qui ne sont pas nécessairement égales aux durées retenues par l'entreprise (durées d'utilisation). L'écart est traité sous forme d'amortissements dérogatoires qui sont inscrits en Capitaux propres au passif du bilan.

LES DÉPRÉCIATIONS

Les amortissements s'appliquent aux biens qui perdent de la valeur nécessairement avec le temps. Certaines pertes ont un caractère exceptionnel, non prévisibles au départ (ex. : un fonds de commerce ou des titres qui perdent de leur valeur). Dans ce cas, on procède à une dépréciation de la valeur de l'actif. Le montant de cette dépréciation est estimé par l'entreprise de « manière raisonnable ».

La filiale A, dont on possède 60 % de titres pour une valeur de 100 000 €, a perdu 40 % de ses fonds propres. On déprécie donc les titres de 40 % soit de 40 000 €.

	Valeur brute	Dépréciation	Valeur nette
Titres	100 000	40 000	60 000

Des immobilisations amortissables peuvent aussi être dépréciées en complément des amortissements sur des pertes exceptionnelles à prévoir (ex. : un projet d'autoroute qui fait perdre de la valeur à un terrain.)

Exemple 1

Une machine est achetée le 30-12-N pour 200 000 €HT avec des frais de transport de 1 000 € à la charge de l'acquéreur. Le fabricant s'engage à l'installer et la tester moyennant un coût supplémentaire de 1 200 €. La formation du personnel utilisateur de l'installation technique est facturée 850 €. En fin de vie, après six années d'utilisation, cette machine devra être dépolluée, ce qui coûtera une somme de 700 €.

À quelle valeur doit-on comptabiliser cette immobilisation au bilan du 31-12-N ?

La valeur comptable au bilan de cette installation technique apparaît à 202 900. Les coûts de formation du personnel ne font pas partie du coût d'acquisition mais seront affectés au coût de fonctionnement.

Exemple 2

Un terrain acheté 120 000 € par l'entreprise en 1990 a une valeur actuelle du marché fin 2007 de plus de 300 000 €. À quelle valeur apparaît le terrain en fin 2007 au bilan comptable ?

Le terrain reste comptabilisé à son coût d'acquisition : 120 000. Cette valeur ne reflète pas la vraie richesse de l'entreprise.

3. L'interprétation en vue de l'analyse

Les immobilisations constituent l'outil de production qui doit permettre à une entreprise de dégager une rentabilité future. Les questions essentielles qui se posent sont : À quel horizon cette rentabilité sera réalisée ? Quel est le degré de risque de sa non-réalisation ? En d'autres termes, quelle est la vraie valeur de cet outil ? Comment le financer ? (voir chapitre 5)

L'analyste financier n'a pas les mêmes contraintes réglementaires que le comptable, il peut avoir un regard économique sur les immobilisations et donc un certain nombre de retraitements sont nécessaires pour passer d'une logique comptable et juridique à une logique économique et financière.

A. Principaux retraitements

Les immobilisations financées par crédit-bail (avec option d'achat), ou par location financière (sans option d'achat), ne font pas partie du patrimoine de l'entreprise et donc n'apparaissent pas au bilan comptable.

Mais ces immobilisations constituent pourtant un outil de production qui peut générer de la rentabilité et des risques pour cette entreprise. L'analyste financier se doit de les intégrer à l'actif immobilisé et d'intégrer en parallèle leur financement aux dettes.

Tableau d'amortissement :

Année	Valeur nette de l'immobilisation	Annuité	Intérêt	Remboursement
1	9 937	3 000	795	2 205
2	7 732	3 000	618	2 382
3	5 350	3 000	428	2 572
4	2 778	3 000	222	2 778

En début de l'année 1, les actifs immobilisés **du bilan économique** doivent augmenter de 9 937 € et la dette financière du même montant.

Actif retraité	Passif retraité
Immobilisations corporelles + 9 937	Dettes financières + 9 937

Les informations fournies en annexe doivent permettre d'effectuer ce retraitement. Les informations concernant la location financière sont rarement fournies : pour un utilisateur externe, il n'est pas possible de les retraiter de façon précise.

Les plus-values latentes, elles, sont difficiles à cerner et à constater de façon fiable, pour un analyste externe à l'entreprise. Les contrats d'assurance ou l'existence d'un marché actif de la même catégorie d'immobilisation peuvent aider à trouver la « juste valeur ». L'augmentation de la valeur à l'actif de l'immobilisation se compense par une augmentation des capitaux propres du même montant diminué, le cas échéant, d'une dette fiscale latente.

Le siège social d'une entreprise a une valeur nette comptable de 700 €, or la valeur du marché est de 1 600 € et le taux d'imposition est de 33,33 %. Dans le bilan économique, on retrouve les écritures suivantes :

Actif retraité	Passif retraité
Immobilisations corporelles 700 + 900	Capitaux propres + (900 × 2/3) Dettes fiscales (900 × 1/3)

B. Les risques

Comme évoqué plus haut, la valeur d'une immobilisation est supposée refléter sa capacité à générer de la rentabilité. Les risques de non-réalisation de cette rentabilité dépendent à la fois de la nature de l'immobilisation et de son secteur d'activité.

On peut distinguer deux catégories d'immobilisations :

– celles qui sont liées à l'activité (ex. : installations techniques, brevets, fonds de commerce...) et qui généreront de la rentabilité dans le cadre d'un bon fonctionnement de l'entreprise ;

– celles qui ne sont pas particulièrement liées à l'activité mais correspondent à des placements (ex. : immeuble de placement, titres immobilisés…). Ces immobilisations sont censées produire soit des revenus soit des plus-values lors de leur cession et indépendamment du fonctionnement normal de l'entreprise.

Le risque sur la première catégorie est étroitement lié à la conjoncture générale, l'offre et la demande dans le secteur, les conditions d'exploitation et de la concurrence, les évolutions technologiques, juridiques, environnementales, etc. Alors que pour la seconde catégorie, le risque reste spécifique à la nature de chacune des immobilisations.

Au-delà des éléments pris en compte dans le calcul des amortissements et des dépréciations comptables, il faut porter un regard plus économique sur les potentialités de perte de valeur et sur le degré de volatilité de l'offre et de la demande (ex. : produits nouveaux et incertitudes sur l'évolution de la demande, procédé de fabrication non stabilisé ou avec des évolutions technologiques attendues, l'entreprise qui se lance dans une nouvelle activité avec des risques opérationnels encore élevés, des produits très volatils qui dépendent des conditions non maîtrisables : climatiques, réglementaires, environnementaux…).

En première ligne des risques, se trouvent les immobilisations incorporelles telles que le fonds de commerce, les brevets, les marques. Les immobilisations corporelles peuvent aussi en faire partie telles que les installations techniques et les constructions industrielles quand elles ne peuvent pas être redéployées pour d'autres activités ou bien qu'elles doivent être repensées en fonction de contraintes réglementaires, techniques ou environnementales.

Quand aux frais d'établissement, leur nature de frais nous pousse à les considérer comme actif sans valeur. Ils seront retirés des capitaux propres lors des retraitements financiers du bilan (voir chapitre 5). Dans tous les cas de figures, les immobilisations recensées comme étant très risquées devraient être financées par des capitaux propres (voir chapitre 5).

En contrepartie de ces risques, certaines plus-values latentes peuvent exister sans être faciles à apprécier comme par exemple la valorisation d'une marque, d'une enseigne, d'un brevet, d'un carnet de commande. La valeur d'une équipe de chercheurs peut être un élément très positif pour l'entreprise et qui peut augmenter sa valeur. Cependant, elle n'est pas considérée comme un actif mais comme une charge.

2

Les actifs circulants

1. Le cadre général

L'actif circulant est constitué des comptes qui n'ont pas vocation à rester durablement (c'est-à-dire plus d'un an) dans l'entreprise. On y trouve :

Tableau 2.1

Stocks et en-cours	Actifs destinés à être vendus ou consommés dans l'exercice
Créances	Actifs auprès de tiers destinés à être encaissés à moins d'un an
Comptes financiers	Actifs détenus auprès de banques et établissements financiers
Charges constatées d'avance	Achats ou prestations dont la fourniture interviendra postérieurement à l'exercice

2. Le détail des comptes

A. Les comptes de stocks et d'en-cours

Les comptes de stocks ont des intitulés différents selon leurs stades de production, de la matière première destinée à être consommée dans le processus de production aux produits finis et aux marchandises qui vont être vendus en l'état.

Le coût d'entrée en stock dépend du stade de production.

– Les matières premières sont valorisées à leur coût d'acquisition : le coût d'acquisition comprend le prix d'achat ainsi que les droits de douanes et autres taxes non récupérables, les coûts de transport et autres coûts nécessaires à l'acquisition. Les rabais et remises sont déduits du prix d'achat.

– Les stocks d'en-cours, les produits intermédiaires et les produits finis sont évalués à leur coût de production : le coût de production comprend le coût d'achat des matières premières consommées pour la fabrication, les charges directes de production comme la main-d'œuvre et les frais généraux de production tel que l'amortissement des bâtiments et matériels de production. Il ne prend pas en compte des frais indirects tel que les salaires des dirigeants et les autres coûts indirects de structure.

– Les marchandises sont enregistrées à leur coût d'acquisition. En fin d'exercice, les stocks donnent lieu à inventaire. Lorsque l'on constate qu'ils ont perdu de leur valeur, on pratique une dépréciation qui va diminuer leur valeur.

Les stocks identifiables doivent être évalués individuellement. Pour les stocks qui sont interchangeables (ex. : du fuel dans une citerne) le coût de stock est évalué selon deux méthodes :

– Le coût moyen pondéré (CMP). Le coût du stock est calculé en tenant compte de toutes les entrées de la période pondérées des quantités et des prix. Le stock restant est constitué des quantités restantes au coût moyen pondéré des entrées de la période.

– Le coût au premier entré, premier sorti (PEPS en français et FIFO *first in first out* en anglais). Les sorties de stock se font comme si l'on vendait d'abord les plus anciennement entrées en stock. Le stock final correspond donc aux dernières entrées.

– Les stocks peuvent aussi être évalués selon la méthode du coût standard (coût prédéfini) à condition que ces coûts soient proches du CMP ou du FIFO.

Tableau 2.2

Stocks et en-cours	Définitions
Matières premières et autres approvisionnements	Destinés à être consommés dans le processus de production
En-cours de production [biens et services]	Deviendront des produits intermédiaires ou des produits finis destinés à la vente
Produits intermédiaires et finis	Les produits intermédiaires sont à un certain stade de production. Les produits finis sont à leur dernier stade de production
Marchandises	Biens qui sont achetés et revendus en l'état

Une entreprise achète des graines potagères et les stocke dans des containers avant de les ensacher pour la vente :

Entrées en stock	Kg	PU	Total
01-juin	10	3	30
15-juin	20	3,5	70
30-juin	10	4	40
Coût moyen pondéré	40	3,5	140
Stock vendu dans le mois	25	3,5	87,5
Stock final en coût moyen pondéré	15	3,5	52,5

Méthode FIFO	Kg	PU	Total
Stock vendu dans le mois	25	(3 × 10) + (3,5 × 15)	82,5
10 kg à 3 €	10	3	30
15 kg à 3,50 €	15	3,5	52,5
Stock final selon la méthode FIFO	15	(3,5 × 5) + (4 × 10)	57,5
5 kg à 3,50 €	5	3,5	17,5
10 kg à 4 €	10	4	40

➠ **Remarque** Des pièces détachées destinées uniquement à la réparation des machines industrielles de l'entreprise sont considérées comme des biens amortissables et non comme des stocks car elles ne sont pas destinées à la fabrication, ni à la vente. Leur durée d'immobilisation dans l'entreprise correspond à celle des matériels auxquels elles sont destinées.

B. Les comptes de tiers

Les comptes de tiers enregistrent toutes les créances (donc les montants en attente de règlements) des tiers que sont les clients, l'État, les organismes sociaux, le Groupe...

Tableau 2.3

Avances et acomptes versés sur commandes...	Enregistre les sommes versées à un fournisseur avant la livraison et la facturation du fournisseur
Créances clients et comptes rattachés...	Enregistre les factures envoyées aux clients et en attente de règlement. Ces créances sont comptabilisées en général TTC sauf exception comme pour les ventes à l'export.
Autres	Concerne toutes sortes de créances autres, que celles auprès des clients : créance auprès de l'État (TVA récupérable, par exemple), etc.

À la clôture de l'exercice, les comptes de tiers doivent être dépréciés s'il existe un risque de non-recouvrement de la créance. Exemple : les effets escomptés non échus.

Ce risque doit être nettement identifié par client et peut s'appuyer sur des éléments juridiques ou statistiques. Ainsi, par exemple, la créance d'un client en cessation de paiement, quelle que soit la bonne volonté du client, doit donner lieu à une dépréciation car le risque de non-recouvrement est bien réel et ne dépend pas uniquement de cette dernière.

➡ **Remarque** Lorsqu'une créance a été cédée à un tiers avant l'arrivée à échéance, elle ne figure plus dans les comptes de tiers. L'information est fournie en annexe si l'entreprise garde une part de risque liée à cette créance.
Les comptes sociaux français, à la différence des comptes consolidés et des normes internationales, s'appuient sur cette notion de propriété. En conséquence, les créances cédées disparaissent du bilan.

C. Les comptes financiers

Dans les comptes financiers se trouvent les comptes de titres possédés en vue de la réalisation d'une marge (sans objectif stratégique) et les liquidités de l'entreprise.

Tableau 2.4

Valeurs mobilières de placement *(e)* :	Titres à court terme dont l'objectif est un placement de trésorerie recherché pour sa disponibilité ou sa possibilité de plus-value
Actions propres...	Actions de l'entreprise que cette dernière a rachetées en vue de les revendre prochainement ou de s'en séparer
Disponibilités	Liquidités au compte banque ou à la caisse

Les valeurs mobilières et les actions propres sont entrées à leur coût d'acquisition. En fin d'exercice, les valeurs mobilières de placement sont évaluées selon le dernier cours coté ou selon la valeur probable de réalisation, ce qui donne lieu soit à appréciation (donc un produit financier) soit à dépréciation (donc une charge financière). Nous trouvons ici une exception à la règle de prudence qui veut que l'on ne tienne compte que des risques et non des possibilités de plus-values.

D. Les autres comptes

Tableau 2.5

Instruments de trésorerie	Enregistre les variations sur les opérations de couvertures
Charges constatées d'avance	Enregistre des charges qui ont été constatées dans l'exercice mais qui ne le concernent pas
Écarts de conversion Actif	Régularisation des créances et des dettes en monnaies étrangères en fin d'exercice au dernier cours coté. À l'actif, l'écart représente soit une augmentation des dettes, soit une diminution des créances, mais de toute façon des pertes potentielles de change.

INSTRUMENT DE TRÉSORERIE

On appelle instrument de trésorerie une opération qui permet de se couvrir d'un risque de variation de taux ou de variation de change.
Les opérations dites de couverture non débouclées en fin d'exercice sont valorisées et donnent lieu à un enregistrement à l'actif ou au passif du bilan selon qu'il s'agit d'un produit latent ou d'une charge latente.

CHARGES CONSTATÉES D'AVANCE

Le compte de résultat de l'exercice ne doit pas enregistrer des charges et des produits qui ne concernent pas l'exercice.
Si des charges qui concernent l'exercice suivant ont été enregistrées (ex. : un loyer payé d'avance), il faut retirer ce montant du compte de charges et enregistrer une charge constatée d'avance au bilan, sorte de créance sur l'exercice suivant. Ce compte est dit « compte de régularisation actif ». Nous trouverons son pendant au passif en « compte de régularisation passif ».

ÉCARTS DE CONVERSION

Ils correspondent à des différences latentes et négatives de change sur les créances et dettes. Nous trouverons au passif les écarts latents positifs de change.

3. L'interprétation en vue de l'analyse

A. Les principaux retraitements

RETRAITEMENT DU STOCK

Il convient d'être prudent sur la valorisation des stocks car ceux-ci peuvent recouvrir des plus-values latentes (valorisation de matières premières) ou des moins-values latentes (risque de non-réalisation). Seule la connaissance du secteur d'activité et du fonctionnement de l'entreprise peut permettre ce réajustement.

RETRAITEMENT DU COMPTE CLIENT

Pour faire le diagnostic, nous cherchons à avoir une approche plus économique et financière de l'entreprise et de ses besoins que juridique. C'est pourquoi nous préconisons de réintégrer dans les créances clients les montants des créances non échues qui correspondent à des cessions faites à la banque.

L'entreprise Fiducie ayant besoin de trésorerie, car cette dernière est à 0, a demandé à la banque de lui escompter des effets de commerce à 90 jours qu'elle détenait sur la société Angel. Le montant total est de 50 000 €.

Le compte initial du client Angel chez Fiducie était de 50 000 €. Après l'escompte des effets, le compte client Angel est à 0 et la trésorerie est augmentée de 50 000 € (il faudrait retrancher les frais financiers pris par la banque. Par simplification nous les négligeons). Pour les besoins de l'analyse, nous nous remettons dans la position initiale, c'est-à-dire avant remise à l'escompte.

Actif	Retraitement	Passif	Retraitement
Client effets escomptés non échus	+ 50 000	Trésorerie : dettes financières	+ 50 000

Ce retraitement va permettre d'avoir une vision plus complète des besoins de financement de l'entreprise, de calculer un délai client plus juste et un besoin en fonds de roulement (BFR) plus conforme à la réalité (voir chapitre 5).

➡ **Remarque** Les créances clients pour lesquelles il y a eu de **l'escompte sans recours,** comme pour les autres effets escomptés et non échus, ne figurent plus dans le compte client mais dans l'annexe. Elles seront retraitées comme les autres créances cédées afin d'avoir une bonne vision des vraies conditions de crédits aux clients et des moyens de les financer.

B. Les risques

Les risques principaux résident dans l'évaluation des stocks et des créances clients.

ÉVALUATION DES STOCKS

Les questions suivantes peuvent se poser :

– Tous les stocks ont-ils bien été pris en compte ? (Certains stocks sont parfois très dispersés et mal maîtrisés.)

– Les stocks subissent-ils l'évolution des marchés ?

– Le stockage est-il dépendant des fournisseurs ? Est-il nécessaire de faire de grosses commandes ou bien de démultiplier les approvisionnements ?

– Quels sont les coûts directs et indirects de production pris en compte ?

– Les dépréciations sont-elles plutôt sous-évaluées (risques de pertes futures) ou surévaluées (prudence et donc gains futurs) ?

– Quels sont les risques en cas de rotation lente : obsolescence, mévente, détérioration… ?

– La méthode utilisée a-t-elle tendance à surévaluer ou sous-évaluer les stocks ?

En cas de difficultés, les stocks de l'entreprise augmentent, perdent souvent de leur valeur et ont donc du mal à se transformer en trésorerie. Par ailleurs, par sa valorisation, le stock peut influencer plus ou moins favorablement le résultat de l'entreprise. Une augmentation du stock signifie plus d'actifs, donc une plus grande richesse et donc plus de profit, mais aussi de la trésorerie momentanément indisponible et des risques qu'il ne se transforme pas en produits finis et vendus. Une diminution des stocks signifie que l'entreprise a moins d'actif, donc moins de richesse, mais qu'elle l'a transformée en trésorerie par ses ventes. Une diminution des stocks peut aussi provenir d'un montant plus important de dépréciation. Dans ce cas, cette baisse se traduit par des charges plus importantes et donc par une baisse du résultat.

ÉVALUATION DU COMPTE CLIENT

La question principale est celle du risque de non-recouvrement de la créance et du délai d'encaissement.

Le risque de non-recouvrement doit être traduit par une dépréciation du compte client à hauteur de l'évaluation faite par l'entreprise. Cette évaluation peut être plus ou moins optimiste et donc les risques plus ou moins élevés. À noter que certaines entreprises vont au-delà des dépréciations client par client et y ajoutent des dépréciations d'ordre plus général concernant par exemple des clients dans un secteur en difficulté.

Le délai d'encaissement peut être long (exemple avec les administrations et certains grands comptes) sans qu'il y ait un risque de non-recouvrement. Cependant, le risque de trésorerie existe et certains dépôts de bilan peuvent en résulter (voir chapitre 5.3.)

3

Les capitaux propres

1. Le cadre général

Les fonds propres comprennent les capitaux propres et les autres fonds propres. Selon le PCG, les capitaux propres sont déterminés par la différence entre l'ensemble des éléments de l'actif de l'entreprise d'une part et de l'ensemble des éléments passifs externes.

Les fonds propres correspondent à des ressources de financement qui sont soit apportées par les associés, soit générées par l'activité de l'entreprise et donc appartenant aux associés. Ils sont comptabilisés avant distribution du résultat.

La somme des capitaux propres doit rester positive, mais il arrive que les pertes de l'année ou les pertes cumulées des années précédentes dépassent le volume des autres postes et ainsi le total des capitaux propres devient négatif Cette situation est dangereuse car cela signifie que les dettes sont plus élevées que la valeur de l'actif. En d'autres termes l'entreprise ne peut en aucun cas faire face à son endettement. Légalement il y a obligation d'augmenter le capital (sauf si société de personnes). Souvent on utilise la technique dite du « coup d'accordéon » qui consiste à réduire le capital pour apurer les pertes et augmenter le capital par apport nouveau pour retrouver un niveau acceptable des capitaux propres (voir chapitre 5).

2. Le détail des comptes

A. Les capitaux propres

Les capitaux propres correspondent à la somme algébrique des éléments suivants :

Tableau 3.1

Capital Primes d'émission de fusion et d'apport	Le capital social représente la valeur nominale des actions ou des parts sociales apportées lors de la création de la société ou lors d'une augmentation au cours de la vie sociale. La prime d'émission est constituée par l'excédent du prix d'émission sur la valeur nominale des actions ou parts sociales
Écarts de réévaluation	Ressources ou richesse liées aux plus-values latentes sur les actifs de l'entreprise.
Réserves : légales, statutaires ou contractuelles, réglementées	Correspondent aux résultats réalisés antérieurement par l'entreprise et non distribués aux associés en vertu des lois ou des statuts spécifiques.
Report à nouveau (+ ou –)	Correspondent aux résultats antérieurs en instance d'affectation aux réserves ou de distribution sous forme de dividendes quand le signe est positif. Correspondent à des pertes antérieures quand le signe est négatif.
Résultat de l'exercice (+ bénéfice ou – perte)	Les gains réalisés, ou résultat positif de l'exercice après impôt. Ce sont des ressources supplémentaires qui permettent le financement des actifs au moins de façon temporaire en attendant la distribution éventuelle des dividendes. Les pertes de l'exercice ou résultat négatif constituent un appauvrissement de l'entreprise.
Subventions d'investissement	Apports et aides reçus de l'État, des collectivités, des entreprises privées. Ces subventions seront virées par tranche au compte de résultat dans les produits exceptionnels (voir chapitre VII.8) En conséquence, elles ne sont pas libérées des impôts
Provisions réglementées	En application de dispositions légales : provisions pour investissement, pour hausse de prix, pour amortissement dérogatoire. Ces provisions ont un caractère de réserves non libérées des impôts

➡ **Remarque**

Les postes prime d'émission, report à nouveau, et réserves ne peuvent pas apparaître dans le bilan d'une entreprise nouvellement créée. ils apparaissent après une, voire plusieurs années d'existence de l'entreprise.

B. La relation entre les associés et les capitaux propres d'une entreprise

Les capitaux propres appartiennent aux associés. Ces derniers s'attendent normalement à une rémunération et à une récupération des capitaux mais la réalité de la relation est plus complexe, il n'y a aucune obligation légale de rémunération ou de remboursement (sauf cas particulier).

– Rémunération de l'actionnaire ou de l'associé.

Une partie des réserves, du report à nouveau positif et du résultat de l'exercice, peut sortir librement de l'entreprise selon la décision des actionnaires (à condition que celle-ci détienne assez de trésorerie). Le dividende ainsi distribué correspond à la rémunération. C'est la rémunération la plus visible et la plus immédiate des actionnaires ou des associés mais elle n'est pas la seule rémunération possible. La rémunération peut se réaliser aussi sous forme d'une plus-value lors de la vente du titre ou sous forme de dividendes futurs qui n'interviendront que dans quelques années. Dans certaines PME, les principaux associés peuvent se contenter d'une rémunération sous forme de sur-salaire.

– Remboursement des capitaux propres.

Dans certaines structures mutualistes, le sociétaire peut exiger le remboursement de sa part sociale. Dans les autres cas, l'entreprise peut décider d'acheter ses propres actions à ses actionnaires et les détruire pour réduire le capital. Cette opération est plus aisée si l'entreprise est cotée en Bourse. Dans tous les cas, un associé désireux de récupérer sa part doit trouver un acheteur, soit sur un marché organisé, si l'entreprise est cotée en Bourse, soit de gré à gré. Dans le cas de liquidation de l'entreprise, le capital social, les primes d'émission, les réserves légales et statutaires peuvent faire l'objet d'un remboursement si les sommes récoltées par la liquidation suffisent pour rembourser d'abord les dettes et ensuite les capitaux propres.

Les exigences des associés dépendent :

– de la nature de la relation qu'ils ont avec l'entreprise ;

– de leur motivation personnelle qui peut varier selon la part qu'ils détiennent... ;

– des risques liés au métier de l'entreprise, de ses perspectives de pérennité, etc.

C. Les autres fonds propres

Ils comprennent :

Tableau 3.2

Les titres participatifs	Ce sont des ressources hybrides entre dettes et capitaux propres : • rémunération mixte en dividende et intérêt ; • pas de droit de vote ; • en cas de liquidation, ils sont remboursés après les dettes et juste avant les actions et les parts sociales.
Les avances conditionnées	Avances consenties par les associés et dont le remboursement est conditionnel
Les comptes bloqués des associés	Par lettre d'engagement, les associés renoncent à leur droit de récupérer leurs avances accordées à l'entreprise tant que la situation de cette dernière nécessite le blocage de ces fonds
Titres subordonnés à durée déterminée, Obligations remboursables en action (ORA)	Ressources apportées à l'entreprise que cette dernière remboursera selon des montages financiers plus ou moins complexes (remboursement en actions par exemple)

➠ **Remarque** Cette rubrique « Autres fonds propres » n'existe pas sur le modèle de bilan du CNC. Cependant, dans les liasses fiscales, elle apparaît entre les capitaux propres et les dettes. Pour les besoins de l'analyse, cette distinction nous paraît utile.

3. L'interprétation en vue de l'analyse

Les capitaux propres et autres fonds propres sont considérés dans leur ensemble comme des ressources permanentes dans l'entreprise. Au premier abord, l'entreprise n'a pas l'obligation de les rembourser, donc ces ressources doivent permettre de financer les emplois longs et de couvrir les risques.

Tout actif dont la transformation en rentabilité ou en trésorerie est risquée ou décalée dans le temps devrait être financé par des capitaux propres. Ainsi ce sont des ressources mises à la disposition de l'entreprise pour une longue durée qui peuvent financer des actifs immobilisés qui stationnent longtemps dans l'entreprise. Mais il est quelquefois recommandé ou même indispensable de financer des actifs circulants, tels que les stocks, par des capitaux propres quand le risque de réalisation de ces actifs en flux de trésorerie est élevé ou que leur rotation est très lente (ex. : les stocks de vin ou d'alcool).

Quant à la qualité des capitaux propres, une analyse plus fine de leur contenu nous amène à distinguer au moins deux catégories :

– une catégorie volatile qui peut être distribuée rapidement (les résultats de l'exercice, le report à nouveau et certaines réserves) ;

– et une catégorie qui sera encore grevée d'impôts (les subventions d'investissement et les provisions réglementées).

Pour les deux catégories, le principe de la durée et de la non-exigibilité de ces ressources à court terme est remis en question.

A. Principaux retraitements

LES SUBVENTIONS D'INVESTISSEMENT ET LES PROVISIONS RÉGLEMENTÉES

Ces deux rubriques ont comme élément commun le fait qu'elles seront réintégrées dans les produits des comptes de résultats futurs, sur plusieurs années, et seront par conséquent assujetties à l'impôt sur les sociétés (IS). Pour une bonne appréciation des fonds propres, il faut les minorer des impôts latents. Ces impôts latents viendront s'ajouter aux dettes fiscales de l'exercice.

LE CAPITAL SOUSCRIT NON APPELÉ

Le capital social peut être libéré par fraction mais la rubrique capital social enregistre la totalité du capital prévu, la part non appelée du capital apparaît à l'actif dans le poste « capital souscrit non appelé ». L'analyste financier doit soustraire la part non appelée du capital car elle ne correspond qu'à l'engagement de la part des actionnaires à apporter les fonds à la demande de l'entreprise. Les fonds ne sont pas encore mis à disposition.

L'ACHAT PAR L'ENTREPRISE DE SES PROPRES ACTIONS

Une entreprise peut, sous certaines conditions légales, acheter ses propres actions. Si, à la clôture de l'exercice, ces actions sont toujours détenues par l'entreprise, elles apparaissent en titres de placement à l'actif. Pour une meilleure analyse du bilan, il faut soustraire ces actions des capitaux propres.

LES AUTRES FONDS PROPRES

En général, si le montant est significatif, il faut rester vigilant sur les obligations juridiques et les modalités et conditions d'émission de ces fonds. Elles devront être classées en dettes si le remboursement doit intervenir au gré du bailleur de fonds et non de l'entreprise, et si l'on a des informations précises sur les intentions des créanciers.

Extrait du bilan de la société X au 31-12-N :
Le taux de l'impôt sur le bénéfice est de 33,33 %.
Lors de la dernière augmentation du capital une somme de 40 n'a pas été appelée.
Les retraitements suivants sont à effectuer :

Capitaux propres	
Capital (dont appelé : 160)	200
Primes	400
Réserves légales	20
Réserves statutaires	300
Report à nouveau	50
Résultat de l'exercice	110
Subventions d'investissement	90
Provisions réglementées	60
Total	1 230

– Le capital social = 200 – 40 = 160 : diminution de la part non libérée.
– La prime d'émission est toujours entièrement libérée.
– Les subventions d'investissement et les provisions réglementées sont diminuées d'un tiers, ce qui correspond à la part impôt sur le bénéfice (IS) qui sera due lors de leur intégration dans le résultat.
Ainsi, les capitaux propres retraités et les dettes se présentent comme suit :

Capitaux propres retraités	
Capital	160
Primes	400
Réserves et reports à nouveau	20 + 300 + 50
Résultat de l'exercice	110
Subventions d'investissement	(90 × 2/3)
Provisions réglementées	(60 × 2/3)
Total capitaux propres	1 140

Dettes	
Dette fiscale latente sur la subvention d'investissement	90 × 1/3 = 30
Dette fiscale latente sur les provisions réglementées	60 × 1/3 = 20
Total retraitement de la dette	**50**

➡ **Remarque** Pour les besoins de l'analyse financière, c'est essentiellement le montant global des capitaux propres retraités qui compte. Cependant, un regard sur la composition des capitaux propres nous permet de comprendre certains traits intéressants tels que :
– La société a réalisé des bénéfices dans le passé et elle n'a pas tout distribué. Le bilan ne permet pas de savoir sur combien d'années elle a réalisé ces réserves.
– La société a procédé au moins à une augmentation du capital et les actionnaires ont accepté de payer une prime.
La lecture de trois bilans successifs améliore nettement cette visibilité.

Ci-joint l'extrait du bilan de la même entreprise deux années plus tard.

Capitaux propres	**N-2**	**N-1**	**N**
Capital	200	200	300
Primes	400	400	700
Réserves légales	20	20	31
Réserves statutaires	300	320	350
Report à nouveau	50	65	70
Résultat de l'exercice	110	180	220
Subventions d'investissement	90	30	0
Provisions réglementées	60	20	0
Total	**1 230**	**1 235**	**1 671**

Ce qui ressort des évolutions des capitaux propres sur la période de trois ans, c'est en premier lieu l'augmentation de leur montant global. L'augmentation du capital de 100 en N s'accompagne d'une augmentation de la prime d'émission de 300.

Les réserves augmentent par affectation du résultat de l'exercice précédent :

– Le résultat de n-2 de 110 est affecté aux réserves statutaires pour 20 et au report à nouveau pour 15. Le reste, soit 75, a été distribué comme dividende et n'apparaît donc plus dans les capitaux propres.

– Le résultat de n-1 de 180 est affecté aux réserves statutaires pour 30, à la réserve légale pour 11 et au report à nouveau pour 5. Le reste, 134, a été distribué comme dividende.

Les subventions d'investissement et les provisions réglementées ont été remises au compte résultat sur les deux dernières années, ce qui a contribué à l'améliorer. On peut conclure que le résultat de N – 1 qui s'élève à 180 a été dopé par la réintégration de ces deux postes à hauteur de 100 avant impôt (90 + 60 – 30 – 20) et de 66,7 après impôt (110 × 2/3).

Dans l'ensemble, on peut dire que l'entreprise a enregistré des résultats tout le long de la période et même au cours des périodes qui ont précédé l'année N – 2. Les actionnaires croient en l'avenir de l'entreprise et ils sont prêts à payer une prime d'émission assez conséquente en N, en d'autres termes, ils anticipent des bénéfices futurs pour les prochaines années.

Les capitaux propres retraités font ressortir une évolution plus marquée d'environ 47 % sur les trois ans alors que les capitaux propres comptables eux n'ont évolué que de 36 % sur les trois ans.

Capitaux propres retraités	**N-2**	**N-1**	**N**
Capital	160	200	300
Primes	400	400	700
Réserves et reports à nouveau	370	405	451
Résutat de l'exercice	110	180	220
Subventions d'investissement	60	20	0
Provisions réglementées	40	13	0
Total	1140	1218	1671

B. Les risques

Les capitaux propres en tant que ressources ne comportent aucun risque puisque l'entreprise n'a pas l'obligation juridique de les rembourser à une date déterminée (sauf les exceptions citées plus haut). Mais la problématique de ces ressources peut être traitée sous deux autres angles :

– Les actionnaires exigent en général une rémunération élevée et en cohérence avec le risque assumé. Cette exigence de rémunération n'est pas un droit juridique (sauf pour le cas de certaines ressources propres telles que les actions sans droit de vote, les emprunts participatifs, les obligations convertibles, les comptes courants associés), mais elle peut être très contraignante si les dirigeants veulent satisfaire les actionnaires et garder l'espoir que ces derniers répondront présents pour les futures augmentations du capital. La rémunération des actionnaires sous forme de dividendes n'est pas considérée comme une charge du compte de résultat, par conséquent, elle n'est pas déductible des impôts et l'entreprise doit l'assumer dans sa totalité. Évidemment, l'exigence de versement de dividendes dépend de la forme juridique de l'entreprise et largement du fait qu'elle soit cotée en bourse ou pas.

– La capacité de l'entreprise à trouver des capitaux propres n'est pas extensible à l'infini, elle peut même être très vite limitée par un des facteurs suivants :

– la capacité financière des actionnaires ;

– leur volonté d'augmenter leur part de prise de risque ;

– leur motivation de garder le contrôle qui les empêche d'ouvrir le capital à de nouveaux actionnaires ;

– la recherche d'optimisation de l'effet de levier (voir chapitre 12) et le coût de l'opportunité.

Le chapitre 12 permet de revenir sur ces diverses questions complexes et d'autres questions que les dirigeants doivent se poser pour trouver le volume *optimum* de fonds propres.

4

Les provisions et dettes

1. Les provisions

A. Le cadre général

Les provisions sont constituées par l'entreprise pour faire face à des charges futures dont l'origine est née dans l'exercice ou dans les exercices précédents et qui vont conduire à l'avenir à un décaissement, à une annulation de créances ou à une augmentation de dettes.

L'évaluation des provisions doit être faite selon l'hypothèse la plus probable du risque de perte, elles sont faites avant incidence de l'impôt sur les sociétés. Les provisions sont révisées et si nécessaire réactualisées à chaque fin d'exercice.

Les provisions se décomposent en deux types :

– Provisions pour risques : pour couvrir des risques liés à l'activité comme des litiges, des garanties données aux clients, des pertes sur marché à terme, des amendes.

– Provisions pour charges : on y trouve différentes charges que l'entreprise devra décaisser dans le futur mais qui sont déjà nées : retraites, impôts, restructuration, des grosses réparations.

B. Le détail de certaines provisions pour risques et charges

PROVISIONS POUR PENSIONS ET OBLIGATIONS SIMILAIRES

On y enregistre les montants correspondant aux obligations que l'entreprise contracte avec ses salariés au titre des retraites futures, des indemnités de fin de carrière, médailles du travail, couverture sociale complémentaire.

PROVISIONS POUR RESTRUCTURATION

On y enregistre toutes les charges liées à des opérations de restructuration (arrêt de branche, d'activité, délocalisation...) à partir du moment où le plan a été formalisé et présenté aux salariés.

PROVISIONS POUR GROSSES RÉPARATIONS

Ces provisions sont constituées pour des réparations qui permettent aux installations d'être maintenues en bon état de fonctionnement. (Ex. : arrêt et révision d'une chaîne de production.)

PROVISIONS POUR PÉNALITÉS

Dans le cadre d'un redressement fiscal ou social, il est nécessaire de provisionner la totalité des pénalités identifiées.

PROVISIONS POUR GARANTIES DONNÉES AUX CLIENTS

L'entreprise détermine son risque souvent par des données statistiques.

2. Les dettes

A. Le cadre général

Les dettes peuvent se décomposer en deux types :

– **les dettes financières.** Pour ces dettes, la date d'exigibilité peut être inférieure ou supérieure à un an. En bas du bilan, l'information nous est donnée de la part des crédits de trésorerie (donc à moins d'un an) inclus dans les comptes « Emprunts et dettes auprès des établissements de crédit ». Par ailleurs, dans l'annexe, l'état des échéances indique les parts à moins d'un an et à plus d'un an de toutes les créances et les dettes ;

– **les dettes courantes**, qui sont composées de comptes de tiers (fournisseurs, dettes fiscales et sociales, dettes sur immobilisations, autres dettes) et de compte de régularisation de fin d'exercice (instruments de trésorerie, produits constatés d'avance et écart de conversion).

Ces comptes sont dits circulants car les échéances sont à moins d'un an et ils concernent l'activité de l'entreprise.

B. Le détail des comptes

LES COMPTES DE DETTES FINANCIÈRES

Tableau 4.1

Emprunts obligataires convertibles	Emprunts faits auprès du public ou des partenaires financiers sous forme d'obligations qui peuvent être remboursées ou converties en actions
Autres emprunts obligataires	Emprunts obligataires non convertibles en actions
Emprunts auprès d'établissements de crédit	Dettes bancaires sous forme de crédit à long terme à moyen ou à court terme
Emprunts et dettes financières diverses	En particulier dettes auprès des actionnaires ou des associés, comptes courants bloqués

Ces comptes représentent les dettes en capital restant dues aux différents prêteurs. Lorsque l'entreprise rembourse une échéance, celle-ci est constituée d'une partie de capital remboursé et d'intérêts. Seul le montant en capital vient diminuer la dette, les intérêts financiers sont enregistrés en charges financières.

L'entreprise Fiducie a emprunté à la banque 200 000 €. Son échéance trimestrielle est de 35 000 € dont 3 000 € d'intérêts financiers.
Au moment de son crédit, l'entreprise Fiducie a dans son bilan :

Actif		Passif	
Trésorerie	200 000	Dettes bancaires	200 000

Après le règlement de sa première échéance, si aucune autre opération n'est intervenue :

Actif		Passif	
Trésorerie	165 000	Perte (= frais financiers)	– 3 000
		Dettes bancaires	168 000

➠ **Remarque** Les emprunts obligataires convertibles sont des ressources dites hybrides. Elles sont en principe des dettes mais des dettes de dernier rang (en cas de liquidation d'une entreprise, elles sont remboursées après les autres dettes et avant les fonds propres).
Leur rémunération se fait essentiellement par des intérêts et quelquefois par une prime de remboursement.
Leur convertibilité en capitaux propres n'est pas automatique, elle est en général réalisée à la demande du souscripteur.
En comptabilité, ces obligations sont considérées comme des dettes. En analyse financière, il faut prendre en compte chaque cas et sa particularité pour voir quelle est la probabilité de leur conversion en capitaux propres.

LES COMPTES DE TIERS

Ces comptes correspondent à des dettes dites courantes, qui concernent des acquisitions de biens de services et/ou de matériel à crédit.
S'y trouvent aussi les dettes vis-à-vis du fisc, du personnel et des organismes sociaux. Pour ces derniers, les dettes correspondent à la fois à la part patronale et à la part salariale que l'entreprise doit reverser aux organismes sociaux.

Tableau 4.2

Dettes fournisseurs et comptes rattachés	Correspond aux factures d'achats reçues ou à recevoir concernant l'activité, elles sont enregistrées TTC sauf cas exceptionnel d'exonération de TVA
Dettes fiscales et sociales	Dettes d'impôts, de TVA, organismes sociaux...
Dettes sur immobilisations et comptes rattachés	Dettes liées à des acquisitions d'immobilisations comme du matériel, des locaux, un fonds de commerce...
Autres dettes	Dettes aux associés, aux actionnaires ou autres (exemple dividendes à payer)

LES AUTRES COMPTES

Ces comptes peuvent représenter des gains latents (instruments de trésorerie ou écart de conversion passif) ou des régularisations de comptes.

Tableau 4.3

Instruments de trésorerie	Enregistre les variations sur les opérations de couverture
Produits constatés d'avance	Enregistre des produits qui ont été constatés dans l'exercice mais qui ne le concernent pas
Écarts de conversion passif	Régularisation des créances et des dettes en monnaies étrangères. Au passif, l'écart représente soit une augmentation des créances soit une diminution des dettes (des plus-values latentes de change)

3. L'interprétation en vue de l'analyse

A. Les principaux retraitements

• Retraitement des provisions pour risques et charges

En vue de l'analyse du bilan, il est important d'étudier les échéances des différentes provisions afin de juger du risque qu'elles représentent en trésorerie. C'est pourquoi nous les éclaterons en deux lignes :

Tableau 4.4

Provisions à plus d'un an	En particulier, les provisions pour pensions, certains litiges, une partie des provisions pour garantie, grosses réparations (selon l'échéance)
Provisions à moins d'un an	Provisions pour amende, litiges

Prenons pour exemple d'éclatement entre les provisions à plus d'un an et celles à moins d'un an les provisions pour indemnités de départ à la retraite. Elles sont ainsi à décomposer entre la part qui correspondra à du paiement dans l'exercice suivant, donc à des dettes à court terme et le reste qui sera décaissé plus tard et peut être assimilé à des dettes à long terme.

• Retraitement du crédit-bail et de la location financière

À l'actif, nous avons considéré que les immobilisations acquises en crédit-bail ou en location financière devaient être portées au bilan comme si l'entreprise en était propriétaire afin d'avoir une bonne vision de tous les biens utilisés par cette dernière. La contrepartie de cette inscription à l'actif « reclassé » du bilan est une dette de même montant au passif dans les dettes financières.

L'entreprise Fiducie loue un camion en crédit-bail pour un montant en capital de 100 000 €. Ce camion et sa dette correspondante ne figurent pas au bilan. Dans les retraitements en vue du diagnostic financier, nous allons donc inscrire :

Actif	Retraitement	Passif	Retraitement
Matériel roulant en crédit-bail	+ 100 000	Dettes en crédit-bail	+ 100 000

L'information concernant la dette en crédit-bail est fournie dans l'annexe. Pour la location financière l'information n'est pas toujours présente et il faut alors obtenir l'information de l'entreprise.

• **Retraitement des dettes financières**

Les dettes financières sont éclatées pour les besoins de l'analyse entre les dettes à plus d'un an à l'origine et les dettes à moins d'un an à l'origine. On parle alors de dettes à moyen et long terme (> 1 an) et de dettes à court terme pour les moins d'un an. La décomposition se fait grâce aux informations fournies dans le bilan ou dans l'annexe.

Les dettes financières qui proviennent des associés doivent être analysées afin de déterminer si elles ont un caractère stable, donc à plus d'un an, ou bien si l'on doit les considérer comme à court terme.

➠ **Remarque** En règle générale, les dettes financières après retraitement sont plus élevées que les dettes comptables et plus proches de la réalité économique de la dette.

B. Les risques

L'évaluation des provisions pour risques et charges peut toujours être sujette à interrogations :

– Les provisions sont-elles faites avec un maximum de prudence ou bien sont-elles minimisées pour ne pas trop impacter le compte de résultat (la contrepartie de la provision est une charge qui pèse sur le résultat de l'exercice (voir chapitre 6) ?

– Tous les risques nés ont-ils bien été pris en compte ? Avantages au personnel, nouvelle réglementation impliquant des travaux...

– Toutes les dettes de l'entreprise ont-elles bien été recensées, en particulier les dettes auprès des établissements de crédit sous forme de location ou de crédit-bail ?

– Les emprunts obligataires convertibles vont-ils donner lieu à conversion – dans ce cas, l'entreprise n'aura pas de fonds à débourser – ou bien va-t-elle devoir rembourser les obligataires, car compte tenu du cours de l'action, ces derniers ne vont pas choisir la conversion ? Dans ce cas, le risque de remboursement peut apparaître.

Les risques de redressement fiscal et social existent dans toutes les entreprises même si chacun cherche à les minimiser au maximum. La pratique des dépôts de bilan nous indique que les passifs sont en général toujours sous-évalués.

5

Les masses au bilan et leurs équilibres

1. Le reclassement du bilan

L'objectif de ce chapitre est de répondre principalement à deux questions :

1. Quels sont les actifs nécessaires pour le fonctionnement normal de l'entreprise ? Ou quels sont les éléments que cette dernière détient pour pouvoir exercer son métier conformément à la politique des dirigeants ?

2. Comment est assuré le financement de ces actifs ? Existe-t-il une cohérence entre les actifs et les ressources de financement, compte tenu de leur nature et surtout des risques inhérents à chacun des actifs, de la période prévisible de détention, et du rythme prévu de transformation de ces actifs en trésorerie ?

Afin de répondre à ces deux questions, nous procédons à un reclassement des différents postes de l'actif et du passif en respectant notre logique de prise en compte des liens entre les différents éléments et des risques relatifs à chacun. Ces retraitements permettent de donner une vue financière de l'entreprise indépendamment des contraintes juridiques et fiscales des comptes sociaux.

Ce chapitre n'aborde pas la question primordiale de la rentabilité des actifs, cette dernière sera abordée aux chapitres 11 et 12.

A. Reclassement de l'actif en trois grandes catégories

Tableau 5.1

1- Les immobilisations (telles que définies au chapitre 1 après retraitements) :
+ Incorporelles : sauf frais d'établissement.
+ Corporelles : y compris les immobilisations financées par crédit-bail.
+ Financières.
Le tout en valeur nette après amortissement ou dépréciation.

2- L'actif circulant lié à l'activité : **Ces actifs se transforment en flux de trésorerie dans le cadre de l'exercice de l'activité au cours des 12 prochains mois** (voir chapitre 2) : + Stocks et en-cours. + Créances clients et comptes rattachés, y compris effets escomptés et non échus, et soustraction faite des avances et acomptes versés sur commandes par les clients (ces avances figurent dans le passif comptable). + Autres créances (sauf les créances sur groupes, assimilables à des prêts). + Autres comptes. *Le tout net de dépréciation.*
3- Les comptes financiers ou trésorerie actif (voir chapitre 2) : + Valeurs mobilières de placement. + Disponibilité. + Créances sur groupe. *Le tout net de dépréciation et sans les actions propres.*

B. Reclassement du passif en quatre grandes catégories

Tableau 5.2

1- Ressources propres (telles que définies au chapitre 3 après retraitement) : + Capitaux propres et autres fonds propres – Dettes fiscales latentes sur les subventions d'investissements et provisions réglementées. – Actions propres. – Capital souscrit non appelé. – Frais d'établissement. + Emprunts obligataires convertibles (voir chapitre 4). + Comptes courants associés stables.
2- Dettes financières structurelles ou à long terme (voir chapitre 4) : + Dettes auprès des établissements de crédit et autres dettes financières : y compris dettes de crédit-bail et location financière. + Provisions pour risques à plus d'un an. + Emprunts obligataires. + Autres dettes financières à plus d'un an (y compris dettes groupe assimilable à des emprunts).
3- Dettes liées à l'activité ou dettes d'exploitation (voir chapitre 4) : + Dettes fournisseurs et comptes rattachés, après soustraction des avances et acomptes versés sur commandes aux fournisseurs (poste se trouvant à l'actif du bilan comptable). + Dettes fiscales et sociales. + Dettes sur immobilisations et comptes rattachés. + Autres dettes et autres comptes, y compris les provisions pour risque à moins d'un an mais sans les dettes groupe. **– Trésorerie passif** + Concours bancaires courants y compris les effets escomptés et non échus. + Billets de trésorerie. + Dettes groupe à moins d'un an.

C. Les masses

Ci-joint le bilan comptable de la société **« Étoile »**, sous-traitant industriel, au 31-12 N.

Immobilisations	Ressources propres
	Endettement financier à long terme
Actif circulant hors trésorerie	Dettes courantes
Trésorerie active	Trésorerie passive

Ces grandes masses nous permettent de visualiser rapidement les équilibres du bilan et ainsi de pouvoir assez rapidement se faire une idée précise de la solvabilité et de la liquidité de l'entreprise.

Bilan en milliers d'euros

ACTIF	Brut	Amort. et dépréc.	N	PASSIF	
Frais d'établissement	5		5	Capital social ou individuel	397
Frais de R & D	0		0	Primes d'émission, de fusion, d'apport.	19
Concessions, brevets, simil.	13	7	6	Réserve légale	11
Fonds commercial	74		74	Réserves statutaires ou contractuelles	163
				Autres réserves	
Terrains	30	12	18	Report à nouveau	
Constructions	1 052	438	614	Résultat de l'exercice	44
Instal. Techniq./				Subventions d'investissement	30
Mat. & Outil.	308	201	107	Provisions réglementées	
Autres immob. corporelles	264	199	65		
Autres immob. financières	17		17		
TOTAL (I)	**1 763**	**857**	**906**	**Total (I)**	**664**
Stocks et encours				Produit des émissions de titres	
Mat. premières, approvis.	986		986	participatifs	
Encours de production	3		3	Avances conditionnées	
Produits intermédiaires				**Total (II)**	
et finis	112		112	Provisions pour risques	7
Marchandises	25		25	Provisions pour charges	
Av. & Acpte				**Total (III)**	**7**
sur commandes	0		0	Emprunts obligataires convertibles	
Clients, comptes rattachés	2 230	217	2 013		
Autres créances	264		264	Autres emprunts obligataires	
Valeurs mobilières				Emprunts et dettes auprès des autres	
de placement	18		18	éts de crédit (1)	511
Disponibilités	100		100	Emprunts et dettes financières divers	57
Charges constatées				Avances et acomptes reçus	
d'avance	68		68	sur commandes en cours	61
				Dettes fournisseurs et comptes rattachés	2 104
				Dettes fiscales et sociales	1 065
				Autres dettes	24
				Produits constatés d'avance	2
TOTAL (II)	**3 806**	**217**	**3 589**	**TOTAL (IV)**	**3 824**
TOTAL GÉNÉRAL (I et II)	**5 569**	**1 074**	**4 495**	**TOTAL GÉNÉRAL (I à IV)**	**4 495**

L'annexe comptable nous fournit les informations supplémentaires suivantes :

Les engagements de crédit-bail mobilier s'élèvent à 250.

Les effets escomptés et non échus s'élèvent à 1 900.

Les provisions pour risques correspondent à une provision sur procès, dont le dénouement prévu au cours de l'année N +1. Les autres créances comportent un crédit de trésorerie à une autre société du groupe de 25.

Le bilan reclassé qui servira de base pour les calculs des différentes valeurs et différents ratios d'analyse se présente comme suit :

Bilan reclassé après répartition en milliers d'euros

ACTIF	VN	PASSIF	
DIAGNOSTIC FINANCIER		**Ressources propres**	
Immobilisations		Capitaux propres (6)	649
incorporelles (1)	80		
corporelles (2)	1 054	**Dettes financières structurelles (7)**	614
financières	17		
Total	**1 151**	**Dettes d'exploitation (8)**	3 212
Actif circulant lié à l'activité			
Stocks	1 126	**Trésorerie passif (9)**	2 104
Créances clients (3)	3 852		
Autre (4)	307		
Trésorerie actif (5)	143		
TOTAL	**6 579**	**TOTAL**	**6 579**

Les reclassements suivants ont eu lieu :

(1) – Les immobilisations incorporelles ne comprennent pas les frais d'établissement, 5, qui viennent en diminution des capitaux propres.

(2) – Les immobilisations corporelles sont augmentées de l'engagement de crédit-bail : 250.

(3) – Les créances clients sont augmentées de 1 900 effets escomptés et non échus. Ils sont diminués des 61 avances et acomptes client.

(4) – Les autres créances d'exploitation sont diminuées de 25 : créances groupe.

(5) – La trésorerie actif est augmentée de ces mêmes 25.

(6) – Les capitaux propres sont diminués des frais d'établissement et des impôts latents sur les subventions d'investissement : 30*1/3 = 10. (On suppose que le taux d'imposition des sociétés est de 33,33 %.)

(7) – Les dettes structurelles sont augmentées de l'engagement crédit-bail, et diminuées des concours bancaires courants : 204.

(8) – Les dettes d'exploitation englobent la dette fiscale latente sur les subventions d'investissement : 10.

(9) – La trésorerie passif regroupe les concours bancaires courants et les effets escomptés et non échus : 1 900 + 204.

2. Les besoins en fonds de roulement (BFR) et les ratios de liquidité et d'activité

Au compte de résultat, l'entreprise enregistre les ventes qu'elle réalise et constate simultanément au bilan : de la trésorerie, si les ventes sont payées immédiatement, ou des créances clients si elles sont payées plus tard.

Au compte de résultat, l'entreprise enregistre des achats qu'elle constate simultanément au bilan : en décaissement de trésorerie, s'ils sont payés immédiatement ou en compte fournisseurs s'ils sont payés plus tard.

Les achats de matières premières ou de marchandises qui sont effectués ne sont pas tous consommés dans l'exercice. Il peut rester des marchandises qui ne sont pas vendues ainsi que des matières premières qui ne sont pas encore transformées. Ces marchandises et ces matières premières sont non consommées dans l'exercice et entrées en stock.

Les stocks, les clients, les fournisseurs sont les contreparties des charges ou des produits qui ne sont ni décaissés, ni encaissés. Il y a donc un décalage entre l'enregistrement comptable fait au compte de résultat et sa conséquence en termes de trésorerie. Ces différents décalages sont calculables à partir du bilan au niveau de l'actif circulant et des dettes courantes. C'est ce que l'on nomme le BFR, besoin en fonds de roulement qui se calcule de la manière suivante : Stock + Clients – Fournisseurs. D'autres éléments, que nous analyserons plus loin, vont venir s'ajouter ou se retrancher de ces éléments de base.

Le besoin en fonds de roulement correspond de la sorte aux besoins de financement nets du cycle d'exploitation, ou aux capitaux nécessaires à l'entreprise pour qu'elle puisse fonctionner normalement. L'importance de ce besoin de financement dépend de la nature de l'activité de l'entreprise, des conditions du marché et des conditions de gestion :

– Le niveau du stock dépend du volume de l'activité, de la durée du cycle (fabrication de champagne ou de bouchons de liège : durée du cycle très longue ; fabrication de yaourt : durée de fabrication courte), de la nature des matières (saisonnalité des matières premières : tels que les produits agricoles ; ou saisonnalité des ventes : tels que les jouets), de la proximité des ressources d'approvisionnement (plus le fournisseur est loin géographiquement plus les commandes sont volumineuses et regroupées), des décisions de gestion (ex. : stocker des produits pour faire face très rapidement à tout moment aux commandes des clients et quelle que soit la référence choisie ou à l'inverse ne produire qu'après réception d'une commande ferme du client, diversifier la production), d'une bonne ou mauvaise gestion des stocks (gestion en flux tendus, bonne maîtrise des sorties et bonne anticipation des commandes à venir), etc.

– Le volume des créances clients et des dettes fournisseurs dépend du niveau d'activité, des rapports de force entre les partenaires commerciaux (un sous-traitant dans le secteur automobile subit les conditions de son client au niveau du délai de paiement des factures et même au niveau du volume des stocks), des coutumes dans le métier, de l'efficacité de la gestion du poste clients (création des systèmes de relance automatique des clients dès le premier retard ou externalisation de la gestion du poste client, la négociation avec les clients et les fournisseurs pour raccourcir les délais de paiement des uns et rallonger ceux des autres), de la législation qui, dans le domaine de régulation des relations clients/fournisseurs, peut contribuer à diminuer ces délais.

La formule de calcul des BFR est la suivante :

BFR = actif circulant lié à l'activité – dettes liées à l'activité

De façon schématique, les BFR peuvent se présenter ainsi :

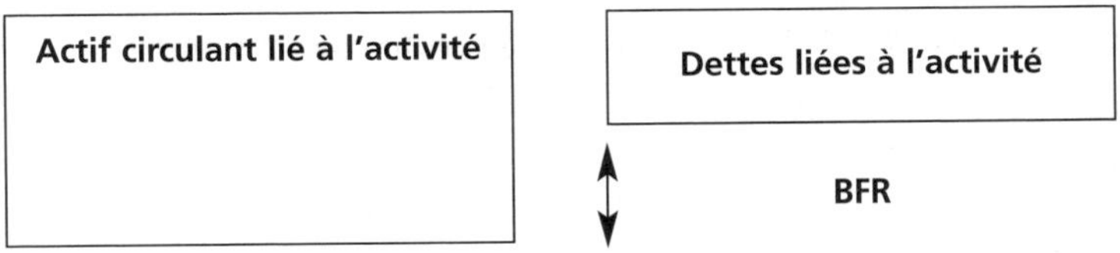

En règle générale (pour les activités de production et principalement de sous-traitance), les actifs circulants liés à l'activité sont plus importants que les dettes liées à l'activité, et par conséquent l'entreprise doit couvrir le besoin net de financement qui en résulte avec des ressources propres ou des dettes financières. Une analyse du cycle d'exploitation et du degré de saisonnalité des besoins mais aussi des risques liés aux stocks et aux créances clients (voir chapitre 2) permet d'arbitrer entre les différentes ressources. Cet aspect sera traité plus loin dans ce chapitre.

Pour une meilleure appréciation des BFR et des besoins financiers liés à l'activité ainsi que de leur évolution dans le temps, il est important de calculer un ratio qui met en évidence la relation entre les besoins et le volume d'activité de l'entreprise : le ratio BFR en pourcentage du chiffre d'affaires exprime la part du chiffre d'affaires bloqué dans l'entreprise et qu'il faut financer. Un ratio de 30 % signifie que l'entreprise, pour fonctionner au quotidien doit trouver des fonds propres ou des dettes financières pour l'équivalent de 30 % de son chiffre d'affaires :

$$\frac{\text{BFR}}{\text{Chiffre d'affaires HT}} \times 100$$

Ou encore $$\frac{\text{BFR}}{\text{Chiffre d'affaires HT}} \times 360$$

Ce dernier ratio exprime le besoin de financement du cycle en jours d'activité. Ainsi, un BFR de 60 jours signifie que l'entreprise doit trouver des ressources financières pour assurer le financement de deux mois d'activité. En règle générale, le financement des BFR moyen doit être assuré par des ressources permanentes (capitaux propres + dettes structurelles). Il peut être acceptable de financer les BFR par des dettes à court terme à hauteur de 30 %. (Voir la rubrique trésorerie nette ci-dessous).

Bilan résumé de Nestlé (en M de CHF)

Bilan résumé 31-12-2006			
Actif		**Passif**	
Actif immobilisé	**66 500**	**Capitaux propres**	**52 848**
Actif circulant d'exploitation :	**23 830**	**Dettes financières structurelles**	**16 478**
Stocks	8 030	**Dettes d'exploitation :**	**16 515**
Créances clients	14 620	Fournisseurs	12 572
Autres	1 180	Autres dettes	3 943
Trésorerie actif	**11 476**	**Trésorerie passif**	**15 965**
TOTAL	**101 806**	**TOTAL**	**101 806**

On constate que les capitaux propres couvrent la majeure partie des immobilisations. Les ressources permanentes (capitaux propres + dettes financières structurelles) financent la totalité des immobilisations et environ 40 % des BFR. Le chiffre d'affaires de Nestlé pour la même année s'élève à 98 458 M de CHF : le BFR représente 7 % du CA ou encore 27 jours d'activité.

Bilan résumé 31-12-2006			
Actif		**Passif**	
Actif immobilisé	66 500	Capitaux propres	52 848
BFR positif	7 315	Dettes financières structurelles	16 478
Trésorerie actif	11 476	Trésorerie passif	15 965
TOTAL	**85 291**	**TOTAL**	**85 291**

Cependant, dans certaines conditions et surtout pour certaines activités, la situation peut être inversée :

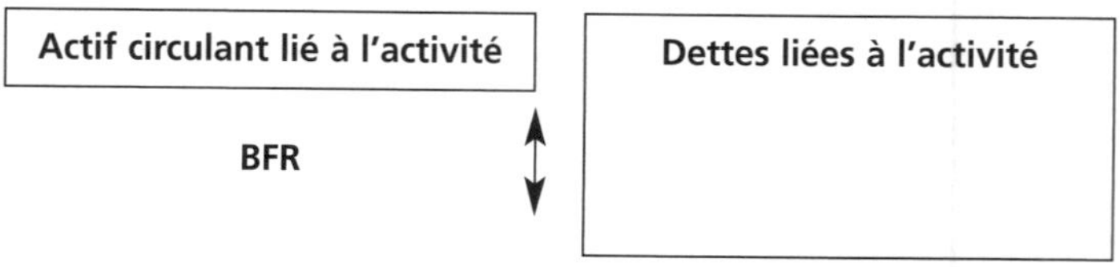

Dans ce dernier cas, il n'y a pas de besoin net de financement de l'activité mais un excédent de financement qu'on appelle BFR négatif. En d'autres termes, l'exercice du métier de l'entreprise lui permet de dégager des ressources qu'elle peut utiliser dans des placements de trésorerie ou pour investir. C'est le cas des entreprises de négoce qui vendent aux particuliers moyennant un paiement comptant et qui brassent des gros volumes d'affaires qui leur permettent de négocier des délais importants de leurs fournisseurs (ex. : les grandes surfaces telles que Carrefour, Casino, Leclerc...). C'est aussi le cas de certaines activités qui font payer d'avance comme les agences de tourisme.

Bilan résumé de Carrefour (en M€)

Bilan résumé 31-12-2006			
Actif		**Passif**	
Actif immobilisé	**30 187**	**Capitaux propres**	**10 503**
Actif circulant d'exploitation :	**13 618**	**Dettes financières structurelles**	**10 576**
Stocks	6 051	**Dettes d'exploitation :**	**20 522**
Créances clients	6 200	Fournisseurs	16 440
Autres	1 367	Autres dettes	4 082
Trésorerie actif	**3 697**	**Trésorerie passif**	**5 901**
TOTAL	**47 502**	**TOTAL**	**47 502**

Le BFR comprend :

Stocks	6 051
Créances Clients	6 200
Autres créances	1 367
Fournisseurs	– 16 440
Autres dettes	– 4 082
BFR	**– 6 904**

Bilan résumé 31-12-2006			
Actif		**Passif**	
Actif immobilisé	30 187	Capitaux propres	10 503
		Dettes financières structurelles	10 576
		BFR (négatif)	6 904
Trésorerie actif	3 697	Trésorerie passif	5 901
TOTAL	**33 884**	**TOTAL**	**33 884**

Les BFR négatifs apparaissent du côté des ressources au passif. Les besoins financiers de Carrefour correspondent aux besoins de financement des immobilisations, ils ne sont pas assurés complètement par des ressources structurelles. Les excédents financiers liés au cycle (les dettes fournisseurs essentiellement) contribuent à financer une partie des immobilisations.

Quand le cycle d'exploitation génère des excédents de trésorerie, la tentation est forte d'utiliser cet excédent pour financer les immobilisations. Cette situation peut s'avérer très risquée dans certains cas si l'activité de l'entreprise stagne tout d'un coup, les ressources de financement s'arrêtent. Mais dans le cas de Carrefour ou d'autres très grands distributeurs, et du fait de leur taille, ils ont d'un côté la possibilité de réagir vite s'il y a une diminution de l'activité en faisant par exemple des relances de la consommation avec des fortes réductions de prix, et d'un autre côté ils ont un rapport de force en leur faveur qui leur permet d'éviter des changements brutaux des conditions des fournisseurs à court terme.

A. Analyse des éléments constitutifs du BFR et des ratios d'activité

Pour une meilleure appréciation des éléments constitutifs du BFR, il faut regarder les ratios de rotation des stocks et les délais moyens de règlement clients et fournisseurs :

DÉLAIS MOYENS DES RÈGLEMENTS CLIENTS EN NOMBRE DE JOURS DE CHIFFRE D'AFFAIRES

$$\frac{\text{En-cours clients}^{1}}{\text{Chiffre d'affaires annuel TTC}} \times 360 \text{ jours}$$

L'en-cours clients étant exprimé en TTC au bilan, il faut rester cohérent et prendre les ventes en TTC. Or, dans le compte de résultat, les ventes sont enregistrées hors taxe.

La TVA sur les ventes peut se calculer de façon forfaitaire en multipliant le chiffre d'affaires (CA) par le taux de TVA en vigueur, ou bien de façon précise en ajoutant au CA le montant de la TVA collectée sur les ventes qui est mentionné dans l'annexe comptable et fiscale.

Ce ratio doit se comparer aux ratios moyens du secteur d'activité. Le délai de règlement le plus fréquent est le paiement à 60 jours ; cependant, dans certains secteurs comme l'automobile, on peut trouver des délais à 90 jours ou même 120 jours. Ces délais sont indiqués sur la facture mais si l'entreprise ne fait pas ses relances régulièrement, si elle perd du temps dans la réception des règlements... le délai recalculé au bilan selon le ratio indiqué ci-dessus peut être très au-delà des délais accordés.

1. Les en-cours clients s'entendent avec les effets escomptés et non échus et après soustraction des avances et acomptes versés par le client.

DÉLAI MOYEN DE PAIEMENT FOURNISSEURS

Il se calcule en nombre de jours achats. Ce ratio exprime le délai moyen accordé à l'entreprise par ses fournisseurs :

$$\frac{\text{En-cours fournisseurs}^{2}}{\text{Achats annuels TTC}^{3}} \times 360 \text{ jours}$$

L'en-cours fournisseurs étant exprimé en TTC au bilan, il faut rester cohérent et prendre les achats et les charges externes en TTC. Or, dans le compte de résultat, les charges sont enregistrées hors taxe. Comme pour les ventes, on peut procéder à un calcul forfaitaire en appliquant le taux de TVA adapté aux différents achats et charges externes ou bien on ajoute aux achats le montant de la TVA sur achats figurant dans l'annexe comptable.

Au premier abord, plus ce ratio est long, plus l'entreprise a une situation financière confortable : les fournisseurs financent une plus grande partie des actifs circulants et l'entreprise a moins besoin de trouver des ressources de financement externes. Cependant, un délai plus long que la norme (plus de 90 jours) doit interpeller l'analyste financier car il peut résulter de la difficulté de l'entreprise à les rembourser, ou encore on peut penser qu'un délai très long accordé par le fournisseur peut avoir des contreparties : qualité moindre, prix plus élevé... Par ailleurs, dans un souci de moralisation des relations entre les entreprises et leurs fournisseurs, et pour éviter en particulier le poids des positions dominantes, il est demandé parfois par voie législative de limiter les délais fournisseurs (ex. : transporteurs 30 jours).

LES RATIOS DE ROTATION DES STOCKS

Il est possible de déterminer un ratio de rotation globale des stocks qui est facile à calculer et qui permet d'étudier la tendance des évolutions des délais de stockage pour l'ensemble du stock.

$$\frac{\text{Stocks et en-cours}}{\text{Chiffre d'affaires annuel hors taxes}} \times 360 \text{ jours}$$

Si nous avons assez d'informations pour calculer les délais par type de stocks, on peut calculer les ratios suivants, nettement plus significatifs :

• Rotation des stocks de matières premières : il exprime le délai d'écoulement des matières premières en jours, ou délai de stockage des matières premières avant leur intégration dans la production.

2. Les en-cours fournisseurs comprennent les dettes fournisseurs moins les avances et acomptes versés aux fournisseurs.
3. Les achats comprennent les achats de marchandises, les achats de matières premières et les autres achats et charges externes.

$$\frac{\text{Stocks de matières premières}}{\text{Achats de l'année en matière première (HT)}} \times 360 \text{ jours}$$

• Rotation des stocks marchandises : ce ratio exprime le délai de stationnement des stocks de marchandises dans l'entreprise avant que cette dernière arrive à les vendre en l'état.

$$\frac{\text{Stocks de marchandises}}{\text{Achats de l'année de marchandises (HT)}} \times 360 \text{ jours}$$

• La rotation des stocks de produits finis qui traduit le délai d'écoulement des produits finis entre le moment où ils sont fabriqués et le moment où ils sont vendus.

$$\frac{\text{Stocks de produits finis et en-cours}}{\text{Coût de production total de l'année (HT)}} \times 360 \text{ jours}$$

Si le coût de production n'est pas donné (pour un utilisateur externe à l'entreprise) le ratio devient :

$$\frac{\text{Stocks de produits finis}}{\text{Chiffre d'affaires (HT)}} \times 360 \text{ jours}$$

• La rotation des stocks de produits en-cours traduit la durée du cycle de production.

$$\frac{\text{Stocks de produits en-cours}}{\text{Production annuelle ou coût de production total (HT)}} \times 360 \text{ jours}$$

Reprise des données financières de la société « Étoile » (Cf. p. 40)

En plus des renseignements donnés dans le bilan et l'annexe que nous avons retraités en début du chapitre, on retrouve les informations suivantes :

1. Dans le compte de résultat

Montant des ventes de l'année (ou CA de l'année) HT 15 226 K€.

Montant des achats de marchandises : 1 371 K€, achats matières premières 5 625 K€, et autres achats et charges externes 2 547 K€.

2. Dans l'annexe

Montant de la TVA collectée (total TVA sur les ventes de l'année) 2 900 K€.

Montant de la TVA sur achats de l'année 1 745 K€.

Solution

Calcul des ratios d'activité et des BFR

BFR = 2 058

BFR en pourcentage du CA = 2 058/15 226 = 14 %.

BFR en jours de CA = 2 058 × 360/15 226 = 49 jours.

Délai moyen de règlement clients = 3 852 × 360/(15 226 + 2 900) = 77 jours.

Délai moyen fournisseurs = 3 227 × 360/(1 371 + 5 625 + 2 547 + 1 745) = 122 jours.

Délai moyen global des stocks en jours de CA = 1 126 × 360/15 226 = 27 jours.

Délai des stocks matières premières = 986 × 360/5 625 = 63 jours.

Délai des stocks marchandises = 25 × 360/1 371 = 7 jours.

Délai des stocks produits finis et en-cours = (3 + 112) × 360/15 226 = 3 jours du CA (nous n'avons pas le coût de production).

Cette entreprise doit financer 49 jours de son activité avec des dettes financières ou des ressources propres ; les délais moyens des clients sont élevés et dépassent 2 mois et demi. Le délai de stockage de matières premières sont un peu long – dépassant 2 mois – mais dans l'ensemble des stocks, le délai de 27 jours est assez correct. Les délais fournisseurs sont anormalement élevés, mais ont comme effet bénéfique de diminuer les BFR et donc ils viennent alléger le besoin de financement net de l'activité.

Le BFR est financé exclusivement par des dettes bancaires à court terme : situation très risquée.

B. L'évolution du BFR

LE BFR ÉVOLUE COMME LE CHIFFRE D'AFFAIRES

Le besoin en fonds de roulement évolue, toutes choses égales par ailleurs, comme le chiffre d'affaires.

Si nous prenons l'exemple suivant :

Un chiffre d'affaires de 3 600 000 €

Des achats de 2 400 000 €

Une rotation de stocks qui représente 60 jours d'achats

Des délais clients de 90 jours de chiffre d'affaires

Des délais fournisseurs de 30 jours

Le BFR est de : stocks : 400 000 = (2 400 000/360 × 60) ; clients : 900 000 = (3 600 000/360 × 60) ; fournisseurs : 200 000 = (2 400 000/360 × 30) ; soit un BFR de 1 100 000.

Si l'on reprend les mêmes hypothèses de rotation de stocks et délais clients et fournisseurs mais que le chiffre d'affaires est multiplié par 2 ainsi que les achats, on constate alors que le BFR sera le suivant : stocks : 800 000 (4 800 000/360 × 60) ; clients : 1 800 000 (7 200 000/360 × 60) ; fournisseurs : 400 000 (4 800 000/360 × 30) ; **soit un BFR de 2 200 000.**

Le lien avec l'évolution du chiffre d'affaires est immédiat. Une croissance de X % du chiffre d'affaires et des achats correspondants entraîne automatiquement une croissance du BFR. Pour que ce lien ne soit pas immédiat, il faudrait :

- que les achats soient proportionnellement moins ou plus important ;
- que les rotations de stocks soient plus rapides ou plus longues ;
- que les délais clients soient différents ;
- que les conditions faites pas les fournisseurs changent.

LE BESOIN DE FINANCEMENT LIÉ AU BFR

Reprenons l'exemple de la page précédente : le BFR est de 1 100 000. Comment va-t-il être financé ? Si l'on regarde le compte de résultat, que nous avons ici simplifié. Les achats consommés, c'est-à-dire les achats moins le stock qui est resté dans l'entreprise, sont de 2 400 000 – 400 000 soit 2 000 000 et nous constatons donc que la marge est de 1 600 000 €. Ces 1 600 000 € en l'absence d'autres coûts, y compris d'impôts, correspondent au résultat qui sera reporté au bilan dans les capitaux propres si les actionnaires ne se le distribuent pas.

La marge dégagée de 1 600 000 permet de financer le BFR intégralement et il restera à l'entreprise **500 000 €** en banque.

Autre vision : l'entreprise achète pour 2 400 000 mais n'en paie que 2 200 000 (2 400 000 – 200 000 de dettes fournisseurs). Elle garde en stocks 400 000 (qu'elle n'a donc pas en trésorerie ni en sortie). Elle vend pour 3 600 000 mais ne récupère de ses ventes que 3 600 000 – 900 000 = 2 700 000 de créances clients. Elle a donc en trésorerie : + 2 700 000 – 2 200 000 = **500 000.**

Nous pouvons donc dire que le BFR est financé par la marge que l'on dégage. Les excédents de financement se retrouvent en trésorerie positive, les insuffisances en trésorerie négative, c'est-à-dire en découvert bancaire ou autres formes de financement.

Si nous reprenons notre exemple et que nous ajoutons des charges de personnel de 300 000 € et un impôt de 33, 1/3 % (les charges de personnel et les impôts sont payés au fur et à mesure), le résultat sera de : + (1 600 000 – 300 000) = 1 300 000 avant impôts, 867 000 après impôts.

Dans ce cas, le BFR est toujours de 1 100 000, mais le résultat n'en finance que 867 000 il manque donc à l'entreprise 233 000 €. Ces derniers doivent être apportés soit par la banque, soit par les actionnaires sous forme de capitaux propres ou d'apport en compte courant.

➠ **Remarques**

Quand le BFR est positif, et si les conditions de règlement clients/fournisseurs et délais de stockage ne sont pas négociés ou modifiés de façon significative, les besoins de financement augmentent. Si la croissance est maîtrisée, progressive, et accompagnée d'une forte augmentation de la rentabilité, l'augmentation des BFR est financée par la rentabilité nouvelle ainsi dégagée.

Quand la croissance du CA est très brutale, elle peut générer des besoins financiers immédiats qui peuvent s'avérer fatals pour l'entreprise (la forte croissance du CA non maîtrisée est la principale cause de défaillance dans les PME).

C. Le financement des BFR

Si nous partons du principe que nous pouvons déterminer le volume des BFR moyens de l'année, nous pouvons considérer que ces BFR sont des besoins permanents, ils devraient en toute rigueur être financés par des ressources permanentes (ressources propres et dettes financières à plus d'un an).

Toutefois, l'accès aux ressources propres est limité de même que l'accès aux dettes structurelles (long et moyen terme). Les entreprises peuvent profiter de financements bancaires à court terme spécifiques et adaptés au financement d'une partie des BFR tels que :

– le crédit « revolving » qui a la particularité de laisser à la disposition de l'entreprise une capacité d'endettement stable tout au long de l'année. Le remboursement partiel de cette dette se fait par les encaissements sur les ventes ou plus globalement les encaissements des clients, et à chaque fois qu'il y a une somme remboursée elle se retrouve en nouvelle capacité d'endettement. Cette forme de crédit ressemble plutôt à un crédit permanent tant qu'il n'est pas dénoncé par la banque (en principe, il est négocié pour une période d'un an ou d'un semestre) ;

– les autres crédits de fonctionnement, qu'on appelle « mobilisations des postes clients ». Dans cette famille, on retrouve l'escompte des effets de commerce, l'affacturage, la cession de créances dite cession Dailly… Le principe est de lier la dette bancaire aux créances clients : aussi bien en terme de risque qu'en terme de rythme de remboursement ;

– les crédits de campagne pour financer les stocks surtout si l'activité est très saisonnière.

Dans l'ensemble, et quelle que soit la modalité du crédit à court terme, on garde à l'esprit :

– que l'entreprise a recours à ces crédits soit parce qu'elle ne peut pas avoir des ressources permanentes, soit pour des raisons de commodité et de souplesse ;

– que ces ressources ont un coût et qu'il est donc nécessaire d'analyser la capacité de l'entreprise à assumer les charges financières et les remboursements qui en découlent ;

– que ces ressources sont risquées car exigibles à court terme : d'où la recherche d'un niveau maximum à ne pas dépasser. Le risque provient du fait que le remboursement de ces dettes est assuré par la transformation des stocks et des créances clients essentiellement en trésorerie. Donc il ne suffit pas de trouver ce niveau acceptable à travers les ratios, mais il faut en plus procéder à une analyse stratégique : l'analyse de l'évolution du secteur d'activité de l'entreprise et du positionnement commercial de cette dernière, l'analyse du cycle de production et des partenaires commerciaux afin d'évaluer le risque sur chaque élément constituant les BFR. Prenons pour exemple une PME sous-traitante pour le secteur automobile qui a pour clients les principaux constructeurs. Si l'essentiel de ses BFR correspond au besoin de financement de son poste client, et si sa rentabilité permet de supporter les frais financiers, elle peut en général financer une grande partie de ses BFR par des dettes à court terme du type escompte de créances. Si l'on prend le cas d'un producteur de bouchons de liège qui doit financer un stock de longue durée et risqué : il devra assumer l'essentiel du financement des BFR par des fonds propres.

Exemple Grand Marnier 2005

Grand Marnier 2005			
En M€	**Actif**		**Passif**
Actif immobilisé	77	Capitaux propres	167
Actif circulant		Provisions	23
Stocks	***48***	Dettes bancaires	18
Clients	***44***	***Fournisseurs***	***16***
Autres	***13***	***Autres dettes***	***16***
Trésorerie	58		
Total	240	Total	240
BFR	***73***		

Le BFR de Grand Marnier est constitué principalement par ses stocks et par ses créances clients. Ce BFR est structurel. Les capitaux propres financent totalement les actifs immobilisés et le BFR. Grand Marnier se trouve donc avec des excédents de trésorerie. Les capitaux propres sont importants en particulier parce qu'ils sont régulièrement augmentés par les résultats. En 2005, le résultat net était de 17 M€. Attention, il s'agit de la situation en fin d'exercice avant distribution des dividendes. Dans ce cas, cette dernière même totale ne mettrait pas à mal la structure du bilan ni la trésorerie.

Exemple Laroche 2006/2007 (production et commercialisation de vins, en particulier le chablis)

Laroche 2006/2007			
en M€	**Actif**		**Passif**
Actif immobilisé	36	Capitaux propres	22
Actif circulant		Provisions	2
Stocks	***17***	Dettes bancaires long terme	16
Clients	***2,5***	***Fournisseurs***	***6***
Autres	***6***	***Autres dettes***	***3***
Trésorerie	0,5	Trésorerie court terme	13
Total	62	Total	62
BFR	***16,5***		

Le BFR est important et surtout constitué par les stocks. Les capitaux propres 22 M€ et les dettes financières à long terme 16 M€ permettent le financement des immobilisations. Les BFR de 16,5 M€ sont principalement financés par les dettes à court terme de 13 M€. Ces 13 M€ représentent plus de 5 mois de chiffre d'affaires. Les banquiers peuvent prendre ce risque car ils savent que ces besoins sont basés sur des actifs réels que sont les stocks et les créances clients (réseaux de distribution).

➠ **Remarque** Les BFR moyens devraient être financés avec des ressources permanentes essentiellement, mais s'il y a des BFR saisonniers ou très ponctuels, ils peuvent être financés par des concours bancaires adaptés. D'un autre côté, il faut prendre en compte les risques réels liés aux stocks et aux créances : si la probabilité de défaillance client est très faible et si l'entreprise a la certitude de vendre ses stocks, elle peut se permettre d'assurer le financement de ses besoins avec des dettes financières à court terme (à condition de pouvoir assumer les frais financiers qui en résultent).

D. Les limites de l'analyse du BFR et de ses éléments constitutifs

LA SAISONNALITÉ

Toute cette démarche et ces calculs, quand ils sont réalisés par un analyste externe à l'entreprise, sont basés sur des chiffres tirés du bilan à un instant « t ». Souvent, les actifs circulants et les dettes d'exploitation tournent et se renouvellent au cours d'une année et on peut considérer qu'elles se renouvellent en permanence et à l'identique.

Mais il y a le cas de forte saisonnalité de l'activité qui fausse tout. Prenons un exemple : une entreprise qui fabrique des jouets. Si elle présente son bilan au 31 décembre de chaque année, le poste client est très élevé et le poste fournisseur très faible. Par conséquent, le BFR est très élevé. Si cette même entreprise présente son bilan au 31 mars, les clients sont à leur plus faible niveau, les fournisseurs à un niveau assez élevé et les stocks à un niveau moyen (puisque c'est le début du cycle) donc le BFR se situe à son plus bas niveau.

LE *WINDOW DRESSING*

Il y a aussi le cas du « *window dressing* » ou « arrangement du bilan ». Plusieurs techniques peuvent être utilisées. Exemple : les dirigeants obtiennent des fournisseurs qu'ils acceptent des délais plus longs au moment de la clôture des comptes, ou que les fournisseurs gardent les stocks un peu plus longtemps chez eux en fin d'année comptable. Ils peuvent aussi passer un accord spécifique avec les clients pour que ces derniers prennent un maximum de stocks en fin de période avec l'engagement de la part de l'entreprise de le reprendre en début d'année suivante en cas de mévente… L'analyse du BFR telle que nous l'avons présentée s'en trouve faussée.

DÉTERMINER LE BFR MOYEN DE L'ANNÉE

Pour l'analyste financier averti, quelques techniques permettent de détecter le niveau moyen des BFR sur l'année, à moins d'avoir la possibilité de regarder des bilans trimestriels pour calculer le niveau des BFR en toute saison ou le BFR moyen de l'année.

Si le bilan donne une image à une date déterminée de la situation financière d'une entreprise, le compte de résultat lui, rassemble toutes les charges et tous les produits que l'entreprise a réalisés tout le long de l'année. Ainsi, les charges financières, comprennent les charges d'intérêt supportées par l'entreprise au cours de l'année et représentant son coût d'endettement à long, moyen et court terme. Si ces charges sont très élevées par rapport au volume de la dette portant intérêt dans le bilan, on conclut que la dette moyenne est plus élevée que la dette au bilan de fin d'année.

Exemple 1

Bilan résumé de l'entreprise « First » au 31-12 2006

Actif		Passif	
Immobilisations	5 000	Capitaux propres	6 000
BFR	6 200	Dettes financières	5 200
Total	**11 200**	**Total**	**11 200**

Les charges d'intérêt de First apparaissent dans le compte de résultat de 2006 à 1 200.

Si nous comparons la dette aux charges financières, le taux de rémunération de la dette correspond à : 1 200/5 200 = 23 %. Ce ratio paraît très élevé et irréaliste pour l'année 2006 en France (le taux d'usure était 14,2 % pour les entreprises et le taux effectif moyen de 10,3 %).

Si nous ne connaissons pas le taux réel d'endettement de l'entreprise « First », nous émettons l'hypothèse qu'elle emprunte à un taux de 10 %, dans ce cas la dette réelle ressort à : 1 200 × 100/10 = 12 000.

Ainsi, l'endettement moyen de cette entreprise représente 12 000 au lieu de 5 200 affichés au bilan, donc un écart de 12 000-5 200 = 6 800.

Nous concluons que les BFR moyens sont de 13 000 :

BFR apparent + 6 800 = BFR moyen.

6 200 + 6 800 = 13 000.

Exemple 2

Bilan résumé de l'entreprise « Last » au 31-12 2006

Actif		Passif	
Immobilisations	4 800	Capitaux propres	4 500
BFR	5 400	Dettes financières	5 700
Total	**10 200**	**Total**	**10 200**

Les charges d'intérêt de « Last » apparaissent dans le compte de résultat de 2006 à 200.

Le taux de rémunération de la dette ressort à : 200/5 700 = 3,5 %. Ce taux paraît faible.

Si nous faisons le même calcul de l'exemple 1 nous trouvons : 200 × 100/10 = 2 000.

Donc la dette moyenne est au maximum d e 2 000 et les BFR moyens de 1700 :

5 700 – 2 000 = 3 700. BFR apparent – 3 700 = BFR moyen. 5 400 – 3 700 = 1 700.

Doit-on toujours calculer le niveau moyen annuel des BFR ? La réponse dépend de nos objectifs, de notre relation avec l'entreprise et de notre accès à l'information exacte. Ainsi, un responsable financier interne à l'entreprise peut avoir toutes les informations en direct. Un banquier peut regarder le fonctionnement du compte réel de l'entreprise chez lui. Il peut aussi avoir accès à un tableau publié par la Banque de France et qui centralise l'ensemble de l'endettement d'une entreprise mois par mois. En revanche, les autres partenaires ne peuvent accéder aux informations internes et doivent se contenter de ce type de calcul.

QUELQUES EXEMPLES D'ACTIONS IMPACTANT SUR LE BFR

Tableau 5.3

	Augmente le BFR	Diminue le BFR	
1. Allonger les délais de fabrication ?	X		L'allongement des délais de fabrication va entraîner mécaniquement une augmentation du stock des en-cours
2. Demander aux clients de payer plus rapidement ?		X	La baisse des créances clients permet de récupérer plus rapidement de la trésorerie et fait donc baisser le BFR
3. Faire des avances aux fournisseurs ?	X		Ces avances correspondent à des immobilisations de trésorerie, elles augmentent donc les BFR
4. Refuser les avances des clients ?	X		Les avances clients permettraient de faire baisser le BFR car elles sont en fait un financement en avance des travaux à effectuer. Les refuser va entraîner des en-cours non financés et donc des BFR
5. Commander le minimum afin d'avoir un stock réduit ?		X	Un stock minimum permet d'avoir un BFR allégé
6. Ne pas payer ses fournisseurs ?		X	Diminue les BFR car les fournisseurs financent les stocks. Cette attitude peut s'avérer contre-productive car les fournisseurs peuvent refuser d'approvisionner l'entreprise
7. Payer rapidement ses dettes fiscales ?	X		Payer trop vite, c'est se priver de ressources et donc faire augmenter le BFR
8. Ne pas payer rapidement ses dettes sociales ?		X	Ne pas faire permet de diminuer le BFR mais attention à ne pas dépasser les dates d'échéance car les pénalités peuvent tomber rapidement !
9. Payer son personnel le 10 du mois suivant ?		X	Améliore le BFR mais peut-être pas le climat social

3. La trésorerie nette (TN)

En suivant la même logique de comparaison des éléments d'actif et de passif homogènes et répondant aux mêmes contraintes, on peut comparer la trésorerie actif ou les liquidités et quasi-liquidités détenues par l'entreprise aux dettes financières à court terme ou dettes financières exigibles rapidement par les créanciers.

La formule de calcul est la suivante :

Trésorerie nette = trésorerie actif – trésorerie passif

Rappel des composantes de la Trésorerie actif
Valeurs mobilières de placement
Disponibilité
Créances sur groupe

Rappel des composantes de la Trésorerie passif
Concours bancaires courants y compris les effets escomptés et non échus
Billets de trésorerie
Dettes groupe à moins d'un an

Le principe est qu'une entreprise peut utiliser ses liquidités pour rembourser ses dettes à court terme si ces dernières arrivent à échéance avant la transformation des stocks et des créances clients en liquidité.

Si cette valeur est négative, elle exprime la situation de l'endettement réel à court terme de l'entreprise. C'est une situation peu confortable, elle peut même être dangereuse si le risque sur les stocks et les créances clients est élevé. Dans ce cas, au moindre problème de décalage dans les prévisions de vente et des paiements clients l'entreprise est soumise aux pressions du banquier et peut se trouver rapidement en situation de cessation ou du moins de difficultés de paiement.

Pour pouvoir analyser l'évolution et porter un jugement sur le niveau acceptable de cette TN, on utilise le ratio suivant :

$$\frac{\text{TN négative}}{\text{BFR}}$$

Ce ratio doit rester supérieur à – 30 % sauf exception. Autrement dit, si l'activité de l'entreprise n'a pas de risques liés à l'actif circulant, elle peut se permettre de financer 30 % de ses BFR par des dettes financières à court terme.

Les BFR de Nestlé sont financés à 60 % par la Trésorerie nette (la Trésorerie nette = – 15 965 +11 476 = – 4 489). Le niveau est assez élevé et dépasse les 30 % normalement admis, mais pour Nestlé, la situation n'est pas du tout critique : il y a peu de risques sur ses actifs circulants, l'essentiel étant des créances clients considérés de bonne solvabilité (telles que les grandes surfaces) et les stocks. L'ensemble des actifs d'exploitation tournent vite (les BFR représentent moins d'un mois d'activité). De plus, la profitabilité permet d'assumer les charges financières.

Si cette valeur est positive, elle correspond à une situation plus confortable, car la trésorerie active peut servir s'il le faut à rembourser les dettes financières à CT entièrement. Ainsi l'entreprise est moins dépendante de son banquier. Le niveau de cette TN n'a pas de limitation dans le sens du risque, mais cette situation peut avoir un impact négatif sur la profitabilité sauf si l'entreprise arrive à obtenir un bon taux de rémunération sur ses liquidités. Si l'on reprend le bilan de Grand Marnier (chapitre précédent), on constate que la trésorerie est positive de 58 M€, ce qui est une situation très confortable pour l'entreprise.

Le ratio de liquidité immédiate permet de voir si l'entreprise va pouvoir faire face à ses dettes à court terme avec sa trésorerie disponible.

Son calcul est le suivant : $\frac{\text{Trésorerie active}}{\text{Dettes circulantes}}$

La trésorerie devrait être capable d'en financer une partie importante car ces dettes sont pour la plupart à très court terme. En effet, l'on y trouve en particulier les dettes fiscales et sociales qui enregistrent les dettes de TVA, les dettes aux organismes sociaux, parfois les dettes au personnel. Toutes ces dettes sont à très court terme, généralement moins de 21 jours. Si la trésorerie est très faible par rapport à ces dettes, cela signifie que l'entreprise va devoir recourir au découvert.

4. L'endettement financier net et ratio d'endettement (le *gearing*)

On entend par endettement financier net le solde de la formule suivante :

Endettement financier net =
Dettes financières à long et moyen terme + Trésorerie nette

Un rappel : les dettes à long et moyen terme regroupent les dettes auprès des établissements de crédit et autres dettes financières y compris les dettes du crédit-bail et location financière et les dettes groupe à plus d'un an, les emprunts obligataires, les provisions à plus d'un an (voir chapitre 4).

Cette valeur donne une idée précise de l'endettement financier net et de la dépendance d'une entreprise vis-à-vis de ses créanciers financeurs. Comme mentionné tout le long de cette partie, l'analyste financier cherche à trouver la cohérence du financement des actifs pour évaluer les risques. Dans ce cadre, c'est le risque de surendettement qui sera détecté. Pour une analyse plus fine, il convient de comparer ces dettes aux ressources propres :

$$\frac{\text{Endettement financier net}}{\text{Ressources propres}}$$

Ce ratio d'endettement est utilisé souvent sous l'appellation anglo-saxonne de « gearing » et fait partie des principaux ratios que les banques et les agences de cotation surveillent régulièrement.

Un niveau acceptable de ce ratio est 1 ou 100 %. Mais il peut aller bien au-delà de 2 dans des circonstances particulières telles les LBO et à condition que les capacités de remboursement soient importantes. Plus ce ratio est faible, plus la situation de l'endettement est confortable. En revanche, un ratio très élevé favorise l'effet de levier (voir chapitre 12). Pour Nestlé, ce ratio s'élève à 40 %. Situation très confortable puisque les ressources propres représentent deux fois et demie les dettes financières nettes.

5. Les autres ratios de structure

A. Ratios d'équilibre

La bonne gestion de l'entreprise voudrait que les investissements soient financés par des ressources de durées comparables et qu'un équilibre soit trouvé entre les financements par capitaux propres et par endettement bancaire. Cette recherche d'équilibre est mesurée par certains ratios qu'il convient d'adapter aux entreprises selon leur secteur d'activité, leurs ambitions, leurs risques... Ils ne sont en aucun cas des valeurs à respecter strictement mais plutôt des indicateurs, des signaux d'alerte.

Ainsi, les immobilisations, outil de production de l'entreprise, sont détenues pour une période relativement longue : les ressources qui les financent doivent avoir des durées relativement longues dépassant un an. Ces ressources peuvent être des ressources propres ou des dettes structurelles (dettes financières à long et moyen terme).

FINANCEMENT DES IMMOBILISATIONS PAR LES CAPITAUX PROPRES

Le ratio : Ressources propres/immobilisations nettes mesure la couverture des immobilisations par des capitaux propres. Une plus grande sécurité est assurée s'il est supérieur à 1.

Dans une entreprise, les immobilisations sont de 3 M€, elles sont couvertes par des capitaux propres de 15 M€. Le ratio de couverture est donc de 5 ce qui est très confortable. Les 12 M€ d'excédent servent à financer les autres éléments d'actifs principalement les BFR. Cependant si les 3 M€ d'immobilisations correspondent à 20 M€ de valeur brute et 17 M€ d'amortissement. On considère que les immobilisations, largement dépréciées, nécessitent un renouvellement imminent et l'excédent des capitaux propres est là pour faire face à cet investissement prévu. Il est même insuffisant pour assurer la couverture totale des futures immobilisations.

FINANCEMENT DES IMMOBILISATIONS PAR LES RESSOURCES STRUCTURELLES

Un ratio permet de vérifier rapidement le respect de ce principe : c'est le taux de couverture des immobilisations par des capitaux longs ou permanents, dits aussi, ressources structurelles. Ce ratio doit rester supérieur à 1, l'entreprise devrait respecter le principe de financement des actifs qui stationnent longuement par des ressources non exigibles à court terme :

$$\frac{\text{Ressources structurelles}^{4}}{\text{Immobilisations nettes}} > 1$$

Ce même ratio peut être calculé à l'envers en comparant les autres éléments d'actif (ceux qui se transforment en trésorerie rapidement ou qui sont déjà sous forme de liquidité) aux autres éléments du passif exigible à court terme.

$$\frac{\text{Actif circulant lié à l'activité + Trésorerie actif}}{\text{Dettes liées à l'exploitation + Trésorerie passif}}$$

Calculé sous cette forme, le ratio doit être supérieur à 1. En d'autres termes, les actifs qui se transforment rapidement en trésorerie doivent dépasser les ressources exigibles à court terme, ce qui signifie que les ressources permanentes financent la totalité des immobilisations et une partie des actifs circulants. Cependant, si le risque lié à la productivité, à l'efficacité, ou à l'estimation de la durée réelle d'utilisation est élevé, ces immobilisations ne peuvent être financées que par des ressources propres (ou devraient l'être). Ces dernières n'ont pas une date de remboursement prévue et certaine (ex. : des installations techniques qui permettent la fabrication d'un produit nouveau qui sera lancé sur le marché pour la première fois).

B. Ratios de solvabilité et autres ratios

Une entreprise est considérée solvable si elle peut faire face à l'ensemble de ses engagements.

Une approche simplifiée de la solvabilité nous amène à poser la question traditionnelle : que se passe-t-il si l'entreprise a des difficultés et qu'elle doit arrêter son activité ? Si les actifs sont vendus, il faut procéder d'abord au remboursement des dettes et en dernier lieu rembourser les actionnaires et associés.

En théorie, le total de l'actif est égal au total du passif donc la liquidation de l'actif devrait permettre de rembourser tout le passif. Mais la réalité est autre, les actifs ont souvent une valeur liée à l'exploitation (stocks, matériel industriel, brevet, fonds de commerce...) ; quelquefois, ils ont une valeur indépendante de l'exploitation (les terrains, les immeubles commerciaux ou de placement, les titres de placement...).

L'actif lié à l'exploitation a tendance à perdre une grande partie de sa valeur sinon la totalité en cas de liquidation (on pense essentiellement aux stocks des produits semi-finis qui ne peuvent qu'exceptionnellement trouver un repreneur, au fonds de commerce, aux installations techniques dans un secteur sinistré).

4. Ressources structurelles ou stables = Ressources propres + Dettes financières structurelles ou dettes à long et moyen terme.

En outre, les frais liés à la liquidation (frais de personnel, frais des liquidateurs.) viennent s'ajouter aux dettes, ce qui ne laisse quasiment pas de chances pour que la liquidation de l'actif arrive à rembourser toutes les ressources du passif. Un volume confortable de ressources propres permet de faire face à ce risque de perte de valeur. Normalement, il faudrait déterminer de façon précise les risques de perte sur chaque élément d'actif pour calculer le montant minimum nécessaire des ressources propres. En absence de ce calcul précis, on considère qu'un niveau de 25 % est satisfaisant. Les 25 % s'obtiennent par le ratio :

$$\frac{\text{Ressources propres}}{\text{Total du bilan reclassé}} \times 100$$

Cette approche liquidative de l'entreprise peut être complétée par une approche plus dynamique.

Si l'on raisonne selon le principe de continuité de l'activité, la vocation des ressources propres devient celle d'un « matelas » de sécurité pour absorber les pertes potentielles de l'entreprise dans le cadre de l'exercice de son métier.

Ces pertes potentielles peuvent se calculer en probabilité de réalisation d'un risque.

– Exemples de risques liés au marché : produit nouveau dont la consommation n'est pas encore stabilisée, ou dont le procédé de fabrication n'est pas encore certain.

Un boulanger implanté dans une zone urbaine a plus de facilités à prévoir son volume d'activité et à s'adapter en cas de changements qu'un producteur de télévisions à écrans plats en 2003.

– Exemple de risques liés à l'environnement : une usine telle qu'AZF située en plein centre-ville. S'il y a la moindre explosion, l'entreprise sera amenée à indemniser tous les dégâts causés au voisinage.

Un atelier de fabrication de chaussures représente moins de risque qu'une usine chimique.

– Exemple de risque lié à la clientèle : l'entreprise travaille pour un seul client avec lequel il n'y a pas de contrats à moyen terme, ou qui se trouve dans un secteur sinistré.

Un sous-traitant industriel doit avoir plus de ressources propres qu'une grande surface.

– Exemple lié à la nature du produit : produits alimentaires pour bébés et risques d'intoxication.

Les enjeux d'une moindre infection liée à la consommation des produits sont tout de suite dramatiques.

– Exemple lié à la réglementation : jouets pour enfants avec une réglementation qui devient de plus en plus sévère sur les aspects sécuritaires et qui obligerait l'entreprise à retirer ses produits du marché et les détruire.

Une entreprise qui a délocalisé la fabrication de ses jouets ou qui sous-traite une bonne partie de la production par des fournisseurs qu'elle ne contrôle pas, a beaucoup plus de risques qu'une entreprise qui maîtrise toutes les étapes de production et qui procède à des contrôles permanents.

Pour une grande partie de ces risques et pour d'autres, l'entreprise peut prendre des mesures qui les allègent ou qui les couvrent entièrement : dans ce cas, elle a un coût à supporter mais elle n'a plus à couvrir ces risques avec des fonds propres.

Pour le moment, les PME n'ont pas l'obligation de faire cette analyse précise des risques, et les utilisateurs externes ne peuvent pas accéder à toutes les informations nécessaires. En revanche, les groupes côtés sur les marchés financiers doivent mener cette analyse et informer dans le rapport annuel les partenaires des principaux risques. Quand aux banques et établissements financiers, ils utilisent des méthodes spécifiques internationales et standardisées pour mesurer les risques et par conséquent les fonds propres minimums et indispensables.

En absence de mesure spécifique des risques et du volume des ressources propres exigés, il est possible d'utiliser la méthode forfaitaire du ratio à 25 %. Ce ratio vient compléter les ratios d'endettement suivants :

$$\frac{\text{Dettes financières nettes}}{\text{Ressources propres}}$$

ou encore le ratio :

$$\frac{\text{Ressources propres}}{\text{Dettes financières structurelles}}$$

Ce dernier ratio, qui doit en principe avoir un niveau minimum de 1, est moins utilisé aujourd'hui, car on considère qu'il faut prendre l'endettement financier dans sa totalité.

➨ **Remarque** Les ratios de solvabilité et d'endettement peuvent être mauvais pour des raisons connues par tous les partenaires avec la conviction, ou tout au moins des fortes probabilités, qu'ils vont se rétablir dans un avenir proche et attendu. Les banquiers vont accepter de financer l'entreprise souvent en prenant des garanties réelles sur les biens de l'entreprise ou des dirigeants, ou bien ils vont établir des « covenants » (voir chapitre 12) ou des objectifs d'amélioration des ratios à atteindre dans un an ou deux. En règle générale, une entreprise qui présente de mauvais ratios de solvabilité de liquidité et d'endettement a plus de difficultés à emprunter aux conditions normales du marché.

Exemple de la société « Étoile » (suite)

Bilan reclassé après répartition en milliers d'euros

ACTIF	N	N-1	Passif	N	N-1
			Ressources propres		
Immobilisations			Capitaux propres	649	605
incorporelles	80	79			
corporelles	1 054	1 063	Dettes financières structurelles	614	591
financières	17	7		0	0
Total	1 151	0	Dettes d'exploitation	3 212	3 429
Actif circulant lié à l'activité					
Stocks	1 126	1 215	**Trésorerie passif**	2 104	2 055
Créances clients	3 852	4 129			
Autre	307	24			
Trésorerie actif	143	283			
TOTAL	6 579	5 651	**TOTAL**	6 579	6 680

Détermination des ratios de solvabilité et d'endettement et commentaires sur la situation financière dans son ensemble.

– Le ratio de solvabilité global = Ressources propres/Total bilan.

= 649/6 579 = 10 % pour l'année N et 605/6 680 = 9 % en N-1.

Niveau insuffisant des ressources propres : nettement inférieur au minimum nécessaire de 25 %. La société est considérée comme représentant un risque de solvabilité élevé. L'amélioration du ratio est très faible.

– Les ratios d'endettement :

Dettes financières nettes/Ressources propres = (614 + 2 104 – 143)/649 = 3,96 pour N et (591 + 2 055 – 283)/605 = 3,9 pour N-1. Ratio très élevé. Entreprise très endettée et situation critique.

Ressources propres/dettes financières structurelles = 649/614 = 106 %. Niveau correct puisque supérieur à 100 %.

En d'autres termes, l'entreprise « Étoile » est correctement endettée à long et moyen terme mais elle a un endettement à court terme excessif et dangereux.

Partie 2

L'activité – Le compte de résultat

6

Le compte de résultat

1. Le cadre général

Le compte de résultat comprend les charges et les produits de l'exercice et des exercices antérieurs s'ils n'ont pas été encore comptabilisés.

A. La classification

Si les charges et produits concernent l'activité de l'entreprise (achat, vente et moyens mis en œuvre pour l'atteinte de son objet social), ils sont dits d'**exploitation.** Si les charges et produits sont relatifs aux opérations financières (titres, prêts, emprunts, monnaies...), ils sont dits **financiers.**

Certaines charges et certains produits sont dits **exceptionnels** s'ils ont trait à des événements non reproductibles dans le fonctionnement normal de l'entreprise : indemnités exceptionnelles reçues ou versées, cessions d'actifs...

B. Les charges et produits calculés

Les charges et les produits correspondent à des événements qui ont comme support une livraison, une feuille de paie, une facture... Cependant, en fin d'exercice, l'entreprise calcule des charges qui ne sont ni encaissables ni décaissables que l'on appelle **charges calculées**. Ce sont les dotations aux amortissements, les dotations pour dépréciation d'actif et les dotations aux provisions. Ces dotations représentent la partie « consommée » dans l'exercice, c'est-à-dire le coût de l'utilisation des matériels pour les dotations aux amortissements, le risque de perte ou de non-recouvrement pour les dépréciations de stocks, de clients et les autres risques et autres charges qui sont enregistrés dans les dotations aux provisions. La contrepartie de ces dotations se trouve au bilan dans les comptes d'amortissement, de dépréciation et de provisions. Au bilan, ces comptes augmentent tous les ans des nouvelles dotations.

Une machine de 200 000 € a une durée de vie économique de 5 ans. Elle est acquise en juillet de l'année N. À la fin du premier exercice, son usure sera de 6 mois sur une durée estimée à 5 ans soit 10 % pour la première année, soit 20 000 €.

Compte de résultat N	
Charges	
Dotation aux amortissements	20 000

Bilan N	Valeur brute	Amortissement	Valeur nette
Machine	200 000	– 20 000	180 000

La deuxième année, les comptes vont se présenter ainsi :

Compte de résultat N +1	
Charges	
Dotation aux amortissements	40 000

Utilisation de la machine sur un an donc une dotation aux amortissements de 20 % soit 40 000.

Bilan N+1	Valeur brute	Amortissement	Valeur nette
Machine	200 000	– 60 000	140 000

Amortissement = 20 000 (année n) + 40 000 (année N+1)

Le même mécanisme est applicable aux dotations pour dépréciation et aux provisions pour risques et charges. Lorsqu'une dépréciation ou une provision devient sans objet soit parce que l'événement ne se produira pas, soit parce qu'il s'est produit ; la dépréciation ou la provision donne lieu à reprise. Dans ce cas, il s'agit d'un produit pour l'exercice et d'une diminution au bilan du montant des dépréciations ou provisions.

Une créance client de 30 000 € a été dépréciée de 10 % en année N suite à un incident de paiement du client. Les documents comptables se présentaient donc ainsi en année N :

Compte de résultat N	
Charges	
Dotation pour dépréciation client	3 000

Bilan N	Valeur brute	Dépréciation	Valeur nette
Créance client	30 000	– 3 000	27 000

En année N +1, le client a réglé l'intégralité de sa dette. La dépréciation est donc annulée par un compte de produit : reprises sur dotations aux dépréciations.

Compte de résultat N + 1	
Produits	
Reprise pour dépréciation client	3 000

Bilan N + 1	Valeur brute	Valeur nette
Créance client	0	0

Les dotations et les reprises peuvent concerner les charges et produits d'exploitation, financiers, exceptionnels.

C. Les variations de stocks

VARIATION DE STOCK DE MATIÈRES PREMIÈRES ET DE MARCHANDISES

L'entreprise enregistre ses achats de matières premières et de marchandises de l'année dans les comptes d'achat correspondant. Cependant, la charge réelle de l'exercice ne correspond pas nécessairement à ses achats. L'entreprise a peut-être consommé plus que ce qu'elle a acheté en utilisant son stock existant. Elle a pu aussi consommer moins que ses achats et se trouve donc avec une augmentation de stocks. Sa consommation réelle et donc la charge de l'exercice correspond ainsi à ses achats corrigés des variations de stocks.

Si le stock final de matières premières et/ou de marchandises est inférieur au stock initial, l'entreprise a consommé du stock qui s'ajoute aux achats :

Exemple 1

Achats de 1 500 000
Stock initial de 50 000
Stock final de 30 000

La variation de stock est de 50 000 – 30 000 = 20 000. La consommation de l'exercice est de : 1 500 000 + 20 000 = 1 520 000.

Exemple 2

Achats de 1 500 000
Stock initial de 50 000
Stock final de 80 000

La variation de stock est de : 50 000-80 000 = – 30 000. 30 000 achats n'ont pas été consommés dans l'exercice. La consommation de l'année est donc de : 1 500 000 – 30 000 = 1 470 000. La variation de stocks de matières premières et de marchandises se calcule donc ainsi : **Stock initial – Stock final.**

Au bilan, figurent les stocks pour leur valeur en fin d'exercice. Ils sont décomposés selon leur nature et leur stade de production. Entre le début et la fin d'un exercice, le stock varie en augmentation ou en diminution, il reste rarement stable. Cette variation doit être enregistrée comme une charge ou un produit de l'exercice.

VARIATIONS DE STOCK D'EN-COURS ET DE PRODUITS FINIS

Les ventes de produits finis ne correspondent pas nécessairement à toute la production de l'exercice. Elles peuvent être supérieures à la production ; dans ce cas, l'entreprise a vendu des biens qui étaient en stock et ce dernier va diminuer, l'on parle alors de déstockage. Les ventes peuvent aussi être inférieures à la production de l'exercice et alors le stock de produits va augmenter, l'on parle alors de stockage.

Exemple 1

Ventes pour 3 500 000
Stock initial de 500 000
Stock final de 200 000

Le stock final est de 200 000, la variation de stock est de – 300 000 (Stock final – Stock initial), l'entreprise a vendu plus qu'elle n'a produit dans l'exercice. Sa production dans l'exercice est de :

Ventes	3 500 000
Production stockée (variation de stock de produits en-cours et/ou finis)	– 300 000
Total produit dans l'exercice	3 200 000

Si le stock avait augmenté en fin d'exercice, l'entreprise aurait produit plus qu'elle n'aurait vendu. La variation de stock d'en-cours et de produits finis s'appelle **Production stockée.** Elle se calcule ainsi : **Stock final – Stock initial.**

Exemple 2

Quelle est la variation de stocks de cette entreprise ? Comment l'analyser dans le compte de résultat ?

Achats	200 000
Stock initial de marchandises	30 000
Stock final de marchandises	50 000

La variation de stock est de – 20 000 : stock initial – stock final. C'est une variation négative car ces 20 000 correspondent à des achats qui ne sont pas consommés dans l'exercice.

Les achats consommés seront donc :

Achats	200 000
Variation de stock	– 20 000
Achats consommés	180 000

Exemple 3

Quelle est la variation de stocks de cette entreprise ? Comment l'analyser dans le compte de résultat ?

Ventes	200 000
Stock initial de produits finis	30 000
Stock final de produits finis	50 000

La variation de stock est de 20 000. Comme il s'agit de produits finis la variation se calcule à partir du stock final moins le stock initial.

Au compte de résultat, on détermine la production de l'exercice qui correspond à ce qui a été produit et vendu et ce qui a été produit et qui reste en stock.

Ventes Production stockée	200 000 20 000
Production	220 000

Exemple 4

Quelles sont les variations de stocks de cette entreprise ? Comment les analyser dans le compte de résultat ?

Achat de marchandises	150 000
Stock initial de marchandises	20 000
Stock final de marchandises	10 000
Ventes de produits finis	260 000
Stock initial de produits finis	40 000
Stock final de produits finis	15 000

La variation de stock de marchandises est de : Stock initial – stock final = 10 000.

La variation de stock de produits finis est de : Stock final – stock initial = – 25 000.

Le compte de résultat se présente ainsi :

Achats	150 000	Ventes	260 000
Variations de stock	10 000	Production stockée	– 25 000
Achats consommés	160 000	Production	235 000

Le déstockage des marchandises est une consommation supplémentaire, alors que le déstockage de produits finis correspond à des ventes qui n'ont pas été produites au cours de l'année. Donc la production de l'année est inférieure à la vente. Attention : la production stockée est évaluée au coût de production alors que les ventes sont avec une marge.

2. Le détail des comptes

A. Les charges et produits d'exploitation

Tableau 6.1

Charges d'exploitation	Commentaires
Achats de marchandises	Achat de biens qui sont revendus en l'état
Variation des stocks de marchandises	Différence entre le stock initial et le stock final (stock initial – stock final)
Achats de matières premières et autres approvisionnements	Achats destinés à la fabrication des biens
Variation des stocks de matières premières et autres approv.	Différence entre le stock initial et le stock final (stock initial – stock final)
* Autres achats et charges externes	Charges provenant de fournisseurs extérieurs à l'entreprise Ex : sous-traitance, intérim, loyers, transports, publicité...
Impôts, taxes et versements assimilés	Liés à l'activité (hors impôts sur les sociétés, principalement la taxe professionnelle)
Salaires et traitements	Montant total des rémunérations
Charges sociales	Charges sociales patronales
Dotations aux amortissements et dépréciations :	Dotations liées à l'activité
Sur immobilisations : dotations aux amortissements	*Perte de valeur due au vieillissement ou à l'utilisation sur l'exercice*
Sur immobilisations : dotations aux dépréciations	*Perte de valeur probable d'immobilisations comme les titres, le fonds de commerce, les terrains (biens qui en principe ne perdent pas de valeur avec l'usage qu'on en fait)*
Sur actif circulant : dotations aux dépréciations	*Perte de valeur probable sur les stocks, les clients*
Dotations aux provisions	Risques de pertes sur des risques et charges liés à l'activité (garantie donnée, amende...)
Autres charges	Charges de gestion courante comme redevances payées
Total charges d'exploitation	**Les produits d'exploitation – les charges d'exploitation donnent le résultat d'exploitation**

➡ **Remarque** Dans le compte « autres charges » se trouvent les créances clients irrécouvrables. Elles peuvent aussi se positionner dans les charges exceptionnelles sur opérations en capital.
Lorsqu'elles sont considérées comme courantes, normales, faisant partie du risque opérationnel de l'entreprise, elles doivent être enregistrées en exploitation. Dans le cas contraire, si la perte a un caractère tout à fait exceptionnel et hors norme, elle sera enregistrée en charges exceptionnelles.
D'une manière générale, il est souvent pertinent de s'interroger sur les comptes dont l'intitulé commence par « Autres… ».

Tableau 6.2

Produits d'exploitation	Commentaires
Ventes de marchandises	Marchandises revendues en l'état (négoce)
Production vendue [biens et services]	Produits intermédiaires ou finis fabriqués par l'entreprise et vendus
Sous-total A – Montant net du chiffre d'affaires	Total chiffre d'affaires HT
Production stockée	Variation de stocks d'en-cours et de produits finis (stock final – stock initial)
Production immobilisée	Production faite par l'entreprise pour elle-même (logiciel, machine, construction.)
Subventions d'exploitation	Subventions reçues qui viennent compenser des charges d'exploitation
Reprises sur dépréciations, provisions (et amortissements), transferts de charges	Reprise sur des amortissements ou provisions sans objet. Les transferts de charges permettent de transférer une charge d'un poste à l'autre
Autres produits	Autres produits de gestion courante comme des loyers perçus, des redevances
Total produits d'exploitation	**Les produits d'exploitation – les charges d'exploitation donnent le résultat d'exploitation**

B. Les charges et produits financiers

Tableau 6.3

Charges financières :	Commentaires
Dotations aux amortissements, dépréciations et provisions	Dotations à caractère financier sur les titres, les prêts
Intérêts et charges assimilées	Intérêts financiers sur dettes financières ou sur escomptes financiers accordés
Différences négatives de change	Pertes de change
Charges nettes sur cessions de valeurs mobilières de placement	Moins-values réalisées sur les cessions de valeurs mobilières
Total Charges financières	**Les produits financiers – les charges financières donnent le résultat financier**

Tableau 6.4

Produits financiers :	Commentaires
De participation	Revenus des titres de participation
D'autres valeurs mobilières et créances de l'actif immobilisé	Revenus des autres titres et des prêts
Autres intérêts et produits assimilés	Ex : produits sur escomptes obtenus
Reprises sur dépréciations et provisions, transferts de charges	Reprise sur des amortissements ou provisions sans objet. Les transferts de charges permettent de transférer des charges d'un poste à l'autre
Différences positives de change	Gains de change
Produits nets sur cessions de valeurs mobilières de placement	Plus-values réalisées sur les cessions de valeurs mobilières
Total produits financiers	**Les produits financiers – les charges financières donnent le résultat financier**

➡ **Remarque** Lorsque l'on parle de charges et produits financiers, on se réfère à la trésorerie, à l'endettement et aussi aux titres détenus. Il s'agit donc d'intérêts payés, d'intérêts reçus, de dividendes, de rémunération de comptes courants mais aussi de plus- ou moins-values réalisées sur des cessions de titres. Ces titres peuvent être de placement (comme l'intitulé du compte l'indique) mais aussi de participation. Ceux-ci figurent dans les immobilisations mais ne sont pas traitées comme ces dernières en cas de cession. Les immobilisations corporelles et incorporelles cédées sont enregistrées en charges et produits exceptionnels.

Les pertes et gains de change représentent un cas particulier.

Si une entreprise réalise une partie de son chiffre d'affaires à l'étranger, plusieurs cas de figures peuvent se présenter :

– L'entreprise émet ses factures en euros : dans ce cas, il n'y a pas d'écart de change dans le sens comptable. Les fluctuations de change entre la devise de l'export et l'euro peuvent influencer la demande si l'euro s'apprécie de façon significative. Le pouvoir d'achat du consommateur est érodé par l'écart de change cela peut conduire à une baisse des ventes et/ou la nécessité de baisser les prix pour garder le prix attractif à l'étranger.

– L'entreprise émet ses factures en devise et la vente ainsi que le paiement ont eu lieu courant l'année comptable : l'impact est en fonction de la date de paiement. Si la vente est au comptant il n'y a pas d'écart de change et pas d'impact comptable. Mais si le paiement est intervenu à une date ultérieure les pertes ou les gains de change qui peuvent en découler sont enregistrés en charges financières : pertes de change, ou produits financiers : gains de change.

– L'entreprise émet ses factures en devises et la vente a eu lieu au cours de l'année mais le paiement interviendra courant l'année suivante :

- cas où la devise se déprécie en fin d'année comptable : les pertes de change sont provisionnées en charges financières ;
- cas où la devise s'apprécie vis-à-vis de l'euro : les gains potentiels de change n'apparaissent pas au compte de résultat.

C. Les charges et produits exceptionnels

Tableau 6.5

Charges exceptionnelles	Commentaires
Sur opérations de gestion	Ex. : pertes exceptionnelles sur créances client, pertes exceptionnelles sur stocks, amendes, sinistres...
Sur opérations en capital	Valeur nette comptable des actifs immobilisés cédés
Dotations aux amortissements, dépréciations et provisions	Dotations à caractère exceptionnel comme des restructurations, des pertes sur des biens immobiliers
Total charges exceptionnelles	**Les produits exceptionnels – les charges exceptionnelles donnent le résultat exceptionnel**

Tableau 6.6

Produits exceptionnels	Commentaires
Sur opérations de gestion	Ex. : remboursement du trop payé en impôts, dommages et intérêts perçus…
Sur opérations en capital	Produits des cessions d'actif immobilisé (prix de vente) et reprises sur les subventions d'investissement
Reprises sur dépréciations et provisions, transferts de charges	Reprise sur des amortissements ou provisions sans objet. Les transferts de charges permettent de transférer des charges d'un poste à l'autre
Total produits exceptionnels	**Les produits exceptionnels – les charges exceptionnelles donnent le résultat exceptionnel**

D. Le résultat net

Le résultat de l'exercice résulte des différents résultats vus ci dessus :

Résultat d'exploitation	= Résultat net
+ Résultat Financier	
+ Résultat exceptionnel	
– Participation	
– Impôts société	

• La participation des salariés ne concerne que les entreprises de plus de 50 salariés. Elle se calcule sur le résultat net c'est-à-dire après impôts selon la formule suivante :

Montant à répartir = résultat – (5 % des capitaux propres). Le montant total de la réserve part du montant à répartir et tient compte du rapport salaires/valeur ajoutée.

Capitaux propres	150 000
Valeur ajoutée	500 000
Salaires	300 000
Résultat net	**40 000**

Le calcul de la participation est le suivant :

Calcul de la participation	
Résultat net	40 000
Rémunération des capitaux propres 5 %	– 7 500
Montant à répartir	32 500
Rapport salaires/valeur ajoutée	60 %
Réserve de participation	**19 500**

Ce montant est, sauf cas particulier, bloqué durant 5 ans dans l'entreprise.

• L'impôt sur les sociétés est calculé en tenant compte de tous les produits imposables auxquels on retranche toutes les charges imposables. Les produits et les charges imposables ne correspondent pas toujours aux produits et charges enregistrés au compte de résultat. Si par exemple l'entreprise a eu des pénalités concernant un redressement fiscal, ces dernières ne sont pas considérées par le fisc comme déductibles des impôts. Des divergences peuvent aussi apparaître sur des durées d'amortissement, sur les charges considérées comme somptuaires. Dans l'annexe, des informations doivent être fournies sur le calcul du résultat imposable.

Dans une entreprise de moins de 50 salariés :

– le total des produits comptables est de 200 000, Le total des charges comptables est de 120 000 ;

– le résultat comptable = 200 000 – 120 000 = 80 000.

Mais dans les charges, il y a une charge non déductible de 10 000 (cadeaux de fin d'année de montant jugé excessif par le fisc). Le résultat fiscal avant impôt est de : 80 000 + 10 000 = 90 000 si le taux de l'IS est de 33,33, l'IS est de 30 000 et le résultat net de 60 000.

L'impôt sur les sociétés est déterminé en fin d'exercice. En cours d'année, des acomptes sont versés avec comme référence le résultat de l'exercice précédent. Le solde sera versé en début de l'exercice suivant après finalisation des comptes de la société.

7

Les soldes intermédiaires de gestion et leur analyse

1. Le chiffre d'affaires

Le chiffre d'affaires n'est pas un solde de gestion mais il constitue le point de départ de toutes les réflexions et analyses du compte de résultat. Il est la première mesure de l'activité. Les soldes de gestion que nous allons voir ensuite se calculent en pourcentage du chiffre d'affaires.

Le chiffre d'affaires comprend les ventes réalisées dans l'exercice et pour lesquelles les prestations ou la livraison ont été intégralement effectuées. Ainsi une prestation de maintenance qui a été facturée mais qui n'est pas réalisée en totalité ne peut pas être prise en compte à 100 % dans le chiffre d'affaires. Une partie sera considérée comme produits constatés d'avance (au passif du bilan).

On distingue le chiffre d'affaires négoce (ventes de marchandises) de celui issu de la production de l'entreprise. Les documents comptables ne fournissent pas de précisions quant aux prix et quantités vendus. Seuls les documents internes à l'entreprise (*reporting*, comptabilité analytique) permettent de faire une analyse précise du chiffre d'affaires et des marges.

Cependant, la croissance du chiffre d'affaires peut être le résultat de différents phénomènes :

– une augmentation des prix de vente ;
– une augmentation des volumes ;
– un mix prix/produits plus favorable au chiffre d'affaires ;
– une croissance externe ;
– le retour sur investissement d'un développement sur de nouveaux marchés... ;
– un changement de mode de distribution ;
– des écarts de change favorables.

La décroissance du chiffre d'affaires peut être la résultante :
- de pertes de part de marché ;
- d'une forte concurrence et d'une baisse des prix ;
- un mix défavorable ;
- une cession d'activité ;
- des difficultés commerciales ;
- des écarts de change défavorables.

2. La marge commerciale

Le calcul de la marge commerciale ne concerne que les activités de négoce. La marge qui est ainsi déterminée est une marge brute qui tient uniquement compte du coût d'achat et du prix de vente. Cette marge est à comparer avec celle des entreprises de même secteur.

Ventes de marchandises
– Coût d'achat des marchandises vendues :
achats de marchandises
variation des stocks de marchandises
= MARGE COMMERCIALE

La marge commerciale se calcule en pourcentage du chiffre d'affaires négoce. Elle peut être très variable d'un secteur à l'autre. Lorsqu'elle est inférieure à 20 % sur un marché qui nécessite une force de vente, du stockage, des coûts de livraison... elle se révèle souvent insuffisante. Pour une société comme Carrefour elle s'élève en 2006 à 23 %. Elle peut atteindre des niveaux très élevés sur certains produits en particulier dans le luxe, parfois plus de 100 %.

L'évolution de la marge commerciale dépend :
- du mix produit ;
- des conditions d'achats (dépendance vis-à-vis des fournisseurs, effet de change, proximité ou éloignement) ;
- de la capacité à augmenter les prix (concurrence, qualité des produits, sensibilité du marché...).

3. La production

La production représente tout ce que l'entreprise a produit dans l'exercice soit :
- ce qu'elle a produit et vendu (son chiffre d'affaires de produits intermédiaires ou produits finis) ;

– ce qu'elle a produit et non vendu et qui se trouve donc dans les stocks (production stockée positive car représentant un excédent du stock final sur le stock initial). Ce qu'elle a vendu mais pas produit vient en déduction de la production (cas ou le stock final est inférieur au stock initial) ;

– ce qu'elle a produit pour elle-même : la production immobilisée (des brevets créés pour elle-même, des constructions, des matériels, des frais de recherche et développement, des logiciels...). Tous ces biens sont valorisés au coût de production et transférés au bilan où ils seront enregistrés en actifs immobilisés et amortis selon leur durée de vie économique.

Production vendue
+ Production stockée
+ Production immobilisée
= PRODUCTION DE L'EXERCICE

Une entreprise de travaux publics a réalisé un chiffre d'affaires de 400 M€. Son stock final de travaux en-cours est de 50 M€ alors qu'en début d'exercice il était de 30 M€. En outre, elle se fabrique un bâtiment et les coûts engagés dans l'exercice sont de 5 M€.

Production de l'exercice :

Production vendue	400
Production stockée	20
Production immobilisée	5
PRODUCTION DE L'EXERCICE	**425**

La production est un solde intermédiaire de gestion important car pour y parvenir il a fallu engager des charges que nous allons retrouver dans les charges d'exploitation. La production stockée et la production immobilisée sont évaluées en coût de production c'est-à-dire sans marge. Seule la production vendue génère une marge qui peut permettre à l'entreprise de réaliser des bénéfices.

La production peut donc augmenter sans que le résultat s'améliore si :

– la production est stockée ;

– des travaux importants sont réalisés pour l'entreprise.

Par exemple, une société qui stocke des matériels avant une grosse livraison et qui parallèlement développe pour elle-même un brevet d'exploitation. Les coûts sont alors égaux à la production. Le bénéfice sur le stock n'apparaîtra que lors de la vente et ceux procurés par le brevet seront étalés dans les exercices futurs.

Dans certaines entreprises de production, il peut être intéressant de calculer la marge sur achats :

Production vendue – coût d'achat de matières consommées

L'évolution de cette marge peut donner des indications intéressantes surtout si les matières premières évoluent sur le marché mondial et peuvent être soumises à des variations de change.

Remarque générale sur les soldes précédents

Les soldes que nous avons décrits sont calculés à partir des documents comptables que l'entreprise fournit aux tiers. Ces documents sont légaux et obéissent aux règles en vigueur en France. Le compte de résultat est présenté selon le principe des charges et produits par nature ; c'est-à-dire la nature Achats, la nature Charges de personnel... Cette présentation ne permet pas de déterminer le coût de production. Seule la comptabilité analytique permet cette approche car elle classe les charges et produits non pas par nature mais par destination.

Exemple : le coût de production des produits vendus comprend :

- le coût d'achat des matières premières et marchandises ;
- les coûts liés à ces achats comme le transport, les assurances... ;
- les coûts de production directs : salaires, énergie, sous-traitance directe, dotations aux amortissements des machines utilisées... ;

Le coût ainsi déterminé s'apparente à un coût de revient et permet de déterminer une marge. Cette décomposition peut être faite par produits, par marché, par secteur géographique, par centre de profits...

Dans le référentiel comptable des groupes consolidés IFRS (*International Financial Reporting Standard*) applicable en Europe, le choix est laissé aux entreprises de présenter leur compte selon une décomposition par nature ou par destination.

4. La valeur ajoutée

La valeur ajoutée correspond à ce qu'il reste dans l'entreprise après enregistrement des achats et charges externes. Elle correspond à une marge avant rémunération des salariés, avant impôts, avant coûts financiers et exceptionnels. Cette notion de valeur ajoutée a surtout un caractère économique : la somme des valeurs ajoutées des entreprises auquel on ajoute le solde de la balance des paiements correspond au PIB (produit intérieur brut). Sa répartition, en particulier entre les salariés et les apporteurs de capitaux, est un indicateur de l'évolution de l'entreprise. Cette notion de valeur ajoutée est à prendre avec précaution si l'on veut comparer des entreprises entre elles.

Si l'on compare deux entreprises, l'une qui choisit de sous-traiter et de faire travailler des intérimaires pour produire alors que l'autre fait tout par elle-même, la valeur ajoutée de la première sera faible mais elle aura peu de charges de personnel de production et celle de la seconde devra être forte afin de rémunérer ce personnel, couvrir les amortissements des machines.

CALCUL DE LA VA
Production
+ Marge commerciale
– Consommations de l'exercice en provenance de tiers
achats stockés de MP et autres approvisionnements
variations des stocks de MP et autres
autres achats et charges externes
= **Valeur ajoutée**

L'analyse du partage de la valeur ajoutée nous donne de bons indicateurs sur les choix faits par l'entreprise. Si vous observez les deux exemples ci-dessous de partage de la valeur ajoutée, vous pouvez en conclure que dans le premier cas la valeur ajoutée va principalement aux salariés et que dans le second cas elle va principalement aux actionnaires. Le bon équilibre est probablement entre les deux, c'est-à-dire que les salariés doivent être rémunérés pour le juste prix de leur activité et les actionnaires pour les risques qu'ils prennent pour les actionnaires.

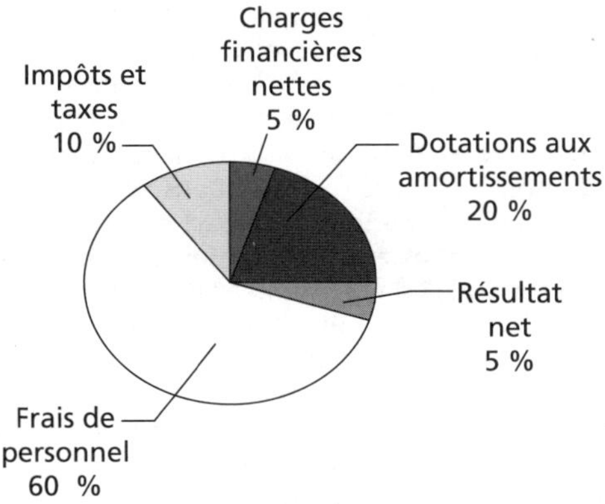

Figure 7.1 Exemple de répartition de la VA

Exemple de calcul de la valeur ajoutée à partir d'un compte de résultat simplifié

Compte de résultat simplifié

Achats de marchandises	12 000 000	Chiffre d'affaires	15 000 000
Marge commerciale	**3 000 000**		
Charges externes	50 000		
Impôts et taxes	5 000		
Charges de personnel	1 500 000		
Dotations aux amortissements	50 000		
Résultat d'exploitation	1 395 000		

Calcul de la valeur ajoutée

Achats de marchandises	12 000 000	Chiffre d'affaires	15 000 000
Marge commerciale	**3 000 000**		
Charges externes	50 000		
Valeur ajoutée	**2 950 000**		
Impôts et taxes	5 000		
Charges de personnel	1 500 000		
Dotations aux amortissements	50 000		
Résultat d'exploitation	1 395 000		

LES CHARGES DE LOYERS DE CRÉDIT-BAIL ET DE LOCATION FINANCIÈRE

Les loyers de crédit-bail et de location financière sont des charges externes. Si l'on effectue le retraitement du crédit-bail et de la location financière au bilan en les ajoutant aux actifs et aux dettes (voir chapitres 1 et 4), il convient alors au compte de résultat de les traiter comme une opération d'acquisition financée par un crédit. Les charges de loyer doivent donc être éclatées entre une part de frais financiers que nous réaffectons aux charges financières et une partie amortissement que nous ajoutons aux dotations. Pour faire cet éclatement, il est nécessaire d'avoir les informations de la part de l'entreprise sur la décomposition des loyers en capital et intérêts. En l'absence d'information, on peut arbitrairement décomposer en 2/3 amortissement et 1/3 frais financiers.

Il est parfois nécessaire de retraiter les coûts de sous-traitance et d'intérim et de les repositionner dans les frais de personnel.

Ce ne sont pas des coûts de personnel au sens strict du terme mais pour certaines activités, qui dans leur mode de fonctionnement utilise des intérimaires et de la sous-traitance, il est intéressant de regrouper dans une seule rubrique le coût des ressources. Dans ce cas, la notion de valeur ajoutée au sens où nous l'avons exposée n'a plus de sens et il convient de l'éliminer du tableau des soldes de gestion. Une analyse fine calculerait l'effectif moyen en y ajoutant le nombre moyen d'intérimaires et le nombre moyen de sous-traitants en équivalent temps plein.

LES AUTRES ACHATS ET CHARGES EXTERNES

Ce poste vient minorer la valeur ajoutée. Il convient donc de l'analyser précisément afin de voir si l'entreprise a fait des choix délibérés pour la faire diminuer.

– Si l'on choisit de sous-traiter plutôt que de faire par soi-même, la valeur ajoutée sera en principe moins forte sauf si la sous-traitance s'avère plus économique.

– On peut choisir d'avoir des intérimaires en nombre important plutôt que d'embaucher (cas pour les entreprises saisonnières).

– Une campagne de publicité peut être faite par des ressources internes ou bien sous-traitée...

– L'entreprise peut tout louer plutôt que d'acheter...

Si ce poste est important, il est donc nécessaire d'en comprendre les principaux sous-comptes afin de mieux comprendre les choix de l'entreprise. L'information n'est malheureusement pas toujours disponible.

5. L'excédent brut d'exploitation (EBE)

Utilisé souvent sous l'appellation anglo-saxonne **EBITDA**, l'excédent brut d'exploitation dégagé par l'entreprise correspond à la production de laquelle toutes les charges d'exploitation entraînant un décaissement sont soustraites.

VALEUR AJOUTÉE
+ subventions d'exploitation
– impôts, taxes et versements assimilés
– charges de personnel
EXCÉDENT BRUT D'EXPLOITATION (EBE)

Exemple de calcul des soldes intermédiaires de gestion :

Achats de marchandises	12 000 000	Chiffre d'affaires	15 000 000
Marge brute	**3 000 000**		
Charges externes	50 000		
Valeur ajoutée	**2 950 000**		
Impôts et taxes	5 000		
Charges de personnel	1 500 000		
Excédent brut d'exploitation	**1 445 000**		
Dotations aux amortissements	50 000		
(+/–) autres produits et charges			
Résultat d'exploitation	1 395 000		

Autre calcul par les soldes de gestion :

Marge commerciale	3 000 000	(15 000 000 – 12 000 000)
Valeur ajoutée	2 950 000	(3 000 000 – 50 000)
EBE	1 445 000	(2 950 000 – 5 000 – 1 500 000)

– L'excédent brut d'exploitation mesure la marge réalisée par l'activité avant incidence du choix d'investissement (qui va se traduire par des amortissements plus ou moins élevés), du financement et des éléments exceptionnels.

– Il traduit la capacité de l'entreprise à dégager une marge au niveau de son activité. L'EBE est un élément de comparaison entre les entreprises à condition que celles-ci aient des modes de fonctionnement à peu près comparables et soient dans le même secteur.

– L'EBE en pourcentage de chiffre d'affaires est à comparer d'un exercice à l'autre pour une même entreprise car il permet de vérifier l'évolution des conditions de réalisation du résultat d'exploitation.

– Selon les différents secteurs d'activité, les niveaux d'EBE peuvent être très différents les uns des autres. (Exemples d'EBE tirés des comptes 2006 : Carrefour 6 %, L'Oréal 20 %, Renault 7 %, Alstom 8 %).

Afin de juger le niveau de l'EBE, on compare ce dernier aux charges financières. Si l'EBE est supérieur à plus de 3 fois ces dernières on peut considérer qu'il n'y a pas trop de risques financiers et qu'il y a une cohérence entre le résultat de l'activité et le coût de la dette. Pour le prêteur, ce ratio EBE/charges financières fait très souvent partie des covenants (ratios qu'une entreprise doit respecter vis-à-vis de ses banquiers).

Attention : l'EBE n'est pas un flux de trésorerie. Les charges et les produits entrant dans son calcul ne sont pas nécessairement encaissés ou décaissés. L'entreprise peut avoir des dettes fournisseurs, c'est-à-dire des achats non encore payés ou des créances, c'est-à-dire des ventes non encore encaissées. Ce décalage de règlement s'analyse à travers le besoin en fonds de roulement (BFR) (voir chapitre 5). Pour obtenir une information concernant la trésorerie issue de l'EBE, il faut calculer l'excédent de trésorerie d'exploitation (ETE).

EBE – variation de BFR = ETE

Dans l'exemple précédent, l'entreprise de micro-informatique a réalisé 1 445 000 € d'EBE durant l'exercice N. En N-1, ses clients lui devaient 3 000 000 € et elle devait 1 800 000 € à ses fournisseurs. En fin N, ses clients lui doivent 3 200 000 € et elle doit à ses fournisseurs 1 500 000 €.

L'entreprise n'a pas en trésorerie l'intégralité de son profit lié à l'activité car les décalages clients et fournisseurs sont en sa défaveur. Le BFR de N-1 est de + 3 000 000 – 1 800 000 = 1 200 000, celui de N est de 3 200 000 – 1 500 000 = 1 700 000. Le BFR a augmenté de 500 000. La trésorerie d'exploitation peut se comprendre ainsi :

EBE	1 445 000
+ Clients N-1	3 000 000
– Fournisseurs N-1	– 1 800 000
– Clients N	– 3 200 000
+ Fournisseurs N	1 500 000
ETE	945 000

6. Le résultat d'exploitation

Le résultat d'exploitation est le résultat de la différence entre toutes les charges et les produits d'exploitation. Souvent, les entreprises et leurs partenaires le désignent sous le signe EBIT, L'EBE nous donnait une information sur la marge avant choix d'investissement et de financement. Le REX nous donne le résultat après prise en compte des dotations aux amortissements, dépréciations et provisions c'est-à-dire après avoir calculé le coût de l'utilisation des biens, les risques de non-récupération des actifs et les charges probables nées dans l'exercice mais pas encore comptabilisées. Il est aussi calculé après les transferts de charges qui permettent celui d'une charge d'un poste à l'autre, comme par exemple des charges qui ont été prises en compte en résultat d'exploitation et que l'on va transférer en résultat exceptionnel.

EXCÉDENT BRUT D'EXPLOITATION (EBE)
– dotations aux amortissements, dépréciations et provisions d'exploitation
+ reprises d'amortissements, dépréciations et provisions d'exploitation
+ transferts de charges d'exploitation
(+/–) autres produits et charges
RÉSULTAT D'EXPLOITATION (REX)

Le résultat d'exploitation ne tient compte que de l'activité récurrente. Ce résultat est comparable d'une entreprise à l'autre de même secteur. À ce niveau, les écarts dus à certains choix de fonctionnement sont gommés.

L'entreprise de nettoyage fait le choix de faire faire son activité par des intérimaires ou de la sous-traitance. Par ailleurs, elle loue certains matériels de nettoyage. Sa concurrente Pronet fait tout par elle-même et a décidé d'acheter tout son matériel. Leur chiffre d'affaires est identique. Les soldes de gestion font apparaître les écarts suivants :

	Nettout	**Pronet**	**Remarques**
Valeur ajoutée	Faible car dans les charges externes vont se trouver la sous-traitance, les intérimaires et les loyers des matériels. Ces charges s'ajoutent aux charges courantes	Forte car Pronet a peu de charges externes sauf les charges courantes d'électricité, d'achats de produits...	Si les locations de matériel de Nettout sont de courte durée la charge reste en charges externes, s'il s'agit de location financière (longue durée). Il faudrait retraiter les loyers en dotation et frais financiers ce qui éliminerait un écart entre Nettout et Pronet
EBE	Devrait être plus faible que celui de Pronet car en payant la sous-traitance et les intérimaires, Nettout paie une marge au prestataire	L'EBE devrait être plus important car le coût d'utilisation des machines n'est pas encore pris en compte	Si Nettout, en utilisant la sous-traitance et l'intérim, évite des coûts de sous-utilisation, son EBE peut être égal, voire supérieur à celui de Pronet
REX	Nettout n'a pas d'amortissement de matériel et récupère ainsi la baisse de l'EBE	Pronet a des dotations aux amortissements qui prennent une partie de l'EBE	Le REX devrait être égal sauf si l'intégration de la production Nettout améliore sa marge.

Voici quelques exemples de résultat d'exploitation en pourcentage de chiffre d'affaires : Carrefour : 4,2 %, L'Oréal 16,1 %, Sanofi 17 %, Renault 7 % Alstom 3 %.

Le niveau du résultat d'exploitation dépend très largement des secteurs d'activité. Il est nécessaire, pour juger une entreprise, de voir son évolution sur les derniers exercices et donc de les mettre en perspective avec les concurrents.

Le niveau est considéré comme bon s'il permet de couvrir les charges financières sans risques pour les prêteurs, s'il permet de faire face à des événements exceptionnels comme des pertes sur cessions et sur opérations de gestion, s'il permet à l'entreprise de dégager un résultat net suffisant pour l'entreprise et les actionnaires.

Étude du REX de trois entreprises

	SSII	Constructeur automobile	Achat et revente par correspondance
REX/CA	4 %	2 %	2 %
Situation financière	Très endettée suite à acquisition	Endettement pour faire face aux renouvellements courant, des matériels et bâtiments de l'ordre de 1,5 % du chiffre d'affaires en frais financiers	Pas d'endettement
Autres risques	Plan de restructuration à prévoir suite à acquisition	Litiges avec un sous-traitant	Néant

La SSII dégage un REX assez faible si on la compare avec les autres SSII connues sur le marché, mais ceci ne serait pas très grave si elle n'avait pas à faire face à des coûts financiers importants et à des risques en terme d'activité. À un niveau de 4 %, le REX est faible.

Le constructeur automobile dégage un faible REX qui lui permet juste de faire face à ses frais financiers. Il lui reste très peu pour faire face à d'autres risques et son résultat net (après le financier et l'exceptionnel) est trop faible pour envisager de rémunérer les actionnaires ou de s'autofinancer.

Pour la dernière entreprise, les 2 % de REX sont tout à fait suffisants car elle n'a pas à faire face à des coûts financiers et ses risques sont surtout d'exploitation et ont donc déjà été pris en compte dans le REX.

L'expression de « résultat opérationnel » est très fréquemment utilisée alors que cette notion n'existe pas dans les comptes sociaux français. Ce terme vient des normes IFRS et s'applique aux comptes consolidés.

Dans le langage courant, certains utilisent « résultat opérationnel » pour dire résultat d'exploitation, or le résultat opérationnel tient compte d'éléments que nous enregistrons en exceptionnel dans les comptes français.

Le terme le plus proche du résultat d'exploitation, et utilisé dans les comptes consolidés, est celui de « résultat opérationnel courant ». D'une manière générale, lorsque les termes utilisés ne sont pas ceux reconnus par le Conseil national de la comptabilité, il est préférable de demander des explications afin de ne pas faire d'erreurs d'interprétation. À noter que pour les entreprises cotées, l'AMF insiste sur la clarté de ces informations.

7. Le résultat financier

Le résultat financier est la conséquence des choix d'investissement financier et des modes de financement de l'entreprise.

L'entreprise qui possède beaucoup de titres devrait recevoir des dividendes qui figurent dans les produits financiers.

Le cas de Renault est intéressant. Son résultat opérationnel courant (résultat proche du résultat d'exploitation) est de 877 M€ en 2006 et son résultat net de 2 960 M€. Entre les deux, Renault a enregistré la part de résultat provenant de Nissan dans laquelle Renault a une participation de 44,3 % pour 1 888 M€. Ainsi, le résultat financier est bien le reflet de la stratégie d'acquisition de Renault.
Si elle a investi en s'endettant, les coûts financiers vont peser sur les charges financières. Dans les PME industrielles, le résultat financier est souvent négatif car ces dernières sont obligées de faire appel aux banques pour financer à la fois une partie de leurs investissements et de leur fonctionnement.

Dans un même secteur, l'entreprise qui est très endettée peut se trouver momentanément désavantagée par rapport à la concurrence car son obligation de « faire » du résultat pour payer ses frais financiers la rend moins libre de sa politique de prix et peut rendre ses fournisseurs méfiants (ils risquent de ne pas être payés si la situation de trésorerie devient trop tendue).
Dans les charges financières ne figurent pas uniquement les intérêts payés sur emprunts bancaires, mais aussi les escomptes de règlement clients. Ils résultent de pratiques commerciales qui permettent d'obtenir des paiements plus rapides et donc de diminuer les BFR.
Par ailleurs, le résultat financier peut être assez relatif car influencé par :
– les effets des fluctuations des cours des devises étrangères pour les entreprises exportatrices ou importatrices ;
– les plus- ou moins-values de cessions de valeurs mobilières de placement qui correspondent à des arbitrages de trésorerie.

8. Le résultat courant

REX + Opérations faites en commun[1]
(+) produits financiers
(–) charges financières
Résultat financier
RÉSULTAT COURANT

Le résultat courant est donc le résultat avant événements à caractère exceptionnel et impôts sur les bénéfices.

1. Les opérations faites en commun regroupent des charges ou produits provenant d'opérations faites dans le cadre de GIE (Groupement d'intérêt économique) ou de société en participation. Le résultat de ces activités vient en charges ou en produits.

9. Le résultat exceptionnel, la participation et les impôts

L'analyse du détail du résultat exceptionnel doit permettre de juger du caractère véritablement exceptionnel des charges et produits. On peut y trouver :

– des pertes exceptionnelles sur procès, litiges, amendes ;

– des dotations aux provisions sur plan de restructuration ;

– des pertes suite à incendie, dégâts... mais aussi indemnité d'assurance reçue (produits exceptionnels).

Certains coûts, comme les coûts de restructuration, ne sont pas vraiment exceptionnels dans certaines entreprises car ils sont répétitifs d'année en année. Il en est de même pour certaines cessions d'actif qui peuvent être régulières (changement de matériel) et qui entraînent des plus ou moins-value sur cessions d'actif. Dans ces cas il paraît plus juste pour l'analyse de les reclasser dans les charges et produits opérationnels (dans les normes internationales, l'exceptionnel est « remonté » en résultat d'exploitation).

➨ **Remarque Les plans de sauvegarde de l'emploi.** Au moment de la décision et de l'information au personnel, l'entreprise doit constater dans ses comptes la charge probable que le plan va entraîner sous forme de provisions. Son résultat est alors très fortement impacté en année N. Lors de la mise en application du plan, les sommes engagées réellement seront enregistrées en charges et la dotation sera reprise au fur et à mesure. La reprise de provisions est un produit qui compense la charge. Dans l'exercice N+1, l'impact sera donc en principe nul si la provision a bien été calculée. Dans la réalité, il existe souvent des décalages. La provision est souvent plus forte que le coût réel.

10. Le résultat net (RN)

Résultat courant
(+/–) résultat exceptionnel
(–) participation des salariés aux fruits de l'expansion
(–) impôts sur les sociétés
RÉSULTAT DE L'EXERCICE

Le résultat net est l'addition des résultats d'exploitation, financier et exceptionnel auquel on soustrait des charges qui sont calculées à partir du résultat fiscal : la participation des salariés aux fruits de l'expansion et l'impôt sur les sociétés.

Le résultat net se retrouve dans les capitaux propres, il appartient aux actionnaires de déterminer ce qu'ils en feront : soit le conserver en capitaux propres sous forme de réserves soit le distribuer en dividendes, soit un mixte des deux. Le niveau du résultat net sera jugé satisfaisant s'il concourt suffisamment au renforcement des fonds propres et s'il permet aux actionnaires de se rémunérer.

11. Tableau synthétique des soldes de gestion et des ratios

Tableau 7.1

COMPTE DE RÉSULTAT/SIG						
(EN EUROS)	**Au 31/XX/XX**	%	**Au 31/XX/XX**	%	**Au 31/XX/XX**	%
Ventes de marchandises (+) Production vendue (*dont exportations*)						
= CHIFFRES D'AFFAIRES (CAHT)		**100**		**100**		**100**
Production vendue + Production stockée + Production immobilisée						
= PRODUCTION DE L'EXERCICE						
(–) Coût d'achat des marchandises vendues : achats de marchandises (–) variation des stocks de marchandises						
= MARGE COMMERCIALE						
Production (+) Marge commerciale (–) Consommations de l'exercice en provenance de tiers : achats stockés de MP et autres approvisionnements (–) variations des stocks de MP et autres (–)autres achats et charges externes						
= VALEUR AJOUTÉE						
(+) subventions d'exploitation (–) impôts, taxes et versements assimilés (–) charges de personnel						
= EXCÉDENT BRUT D'EXPLOITATION (EBE)						
(–) Dotations aux amortissements et provisions (+) reprises d'amortissements et provisions d'exploitation (+) transferts de charges d'exploitation (+/-) autres produits et charges						

= RÉSULTAT D'EXPLOITATION (REX)						
REX + Opérations faites en commun (+) produits financiers (–) charges financières						
= RÉSULTAT COURANT						
(+/–) résultat exceptionnel (–) participation des salariés aux fruits de l'expansion (–) impôts sur les sociétés						
= RÉSULTAT DE L'EXERCICE						

➡ **Remarque** Le tableau que nous présentons est complet et concerne les entreprises de production et de négoce. Il doit être adapté à chaque cas. L'entreprise de production qui ne vend rien sans transformation éliminera du tableau la partie marge commerciale et l'entreprise de négoce la partie production.

A. Les ratios de profitabilité

Dans la présentation ci-dessus, nous avons ajouté une colonne à côté de chaque année qui permet de calculer les différents soldes par rapport au chiffre d'affaires. Les ratios ainsi déterminés sont dits ratios de profitabilité. Parmi les plus significatifs il faut retenir :

– marge brute/CA, mesure de la profitabilité d'une activité de négoce ;

– EBE/CA, mesure la capacité de l'entreprise à générer une marge avant incidence des dotations aux amortissements et provisions, c'est-à-dire avant les conséquences dues à la structure du bilan ;

– REX/CA ; ce ratio complète le précédent en donnant une vision plus large de la profitabilité puisque les conséquences dues aux investissements, à la nature de la clientèle... sont prises en compte ;

– résultat net/CA : quel est le profit net dégagé par l'entreprise ?

Les ratios peuvent être comparés entre eux sur la période. Ils permettent de voir si les conditions se dégradent proportionnellement ou non. Par exemple, si les achats de matières premières représentent 30 % en année N-2, pourquoi représentent-ils 40 % en année N-1 ? Est-ce dû à une augmentation du prix des matières première et/ou baisse des prix de vente ?

B. Les ratios d'évolution

Les ratios d'évolution viennent compléter les ratios de profitabilité. Il est souvent nécessaire de regarder une évolution d'un exercice à l'autre pour mieux comprendre. Les causes de dégradation ou d'amélioration de la profitabilité peuvent être :

– l'évolution des charges en parallèle du chiffre d'affaires ou à contre-courant ;

– l'évolution des marges et l'impact de l'effet des variations du volume et des gains de productivité, ou encore, des variations de prix.

8

La capacité d'autofinancement

La capacité d'autofinancement représente pour l'exercice concerné ce qui peut rester dans l'entreprise soit pour renforcer les fonds propres soit pour faire face aux dépréciations des actifs ou aux autres risques. Cette capacité d'autofinancement ne tient pas compte des cessions d'actifs.

1. Comment est générée la capacité d'autofinancement ?

Pour comprendre comment la capacité d'autofinancement est générée, il faut partir du premier stade de création de profit, c'est-à-dire de l'EBE. Ce dernier représente ce qui reste après avoir vendu et constaté les charges liées à l'exploitation, telles que les achats, les charges externes, les impôts et taxes et les charges de personnel. Tous ces produits et toutes ces charges vont à un moment donné se transformer en trésorerie. L'EBE, comme nous l'avons déjà dit est une capacité d'autofinancement d'exploitation. Ce n'est pas encore la capacité d'autofinancement totale de l'entreprise car à ce stade ne sont pas pris en compte d'autres charges et d'autres produits moins directement liés à l'activité.

Pour passer de l'EBE à la CAF il faut « descendre » le compte de résultat et s'interroger pour savoir si les charges et les produits en dessous de l'EBE dans la décomposition du compte de résultat concourent ou non à l'augmentation ou à la diminution de l'autofinancement de l'entreprise ou autrement dit s'ils ont ou non un caractère monétaire. Si un produit ou une charge ont un caractère monétaire cela signifie qu'à un moment donné ils vont se transformer en trésorerie positive ou négative. S'ils n'ont pas de caractère monétaire, cela signifie qu'ils correspondent à des charges ou des produits dits « calculés » comme les dotations ou les reprises sur amortissements et provisions. Ces charges et produits calculés n'enrichissent ni n'appauvrissent réellement l'entreprise, ce sont des constats comptables qui permettent de faire ressortir un résultat d'exploitation, un résultat financier et un résultat net après prise en compte de tous les risques et opportunités.

Tableau 8.1 – De l'EBE à la CAF

	Enrichis-sement	Appauvris-sement	Éléments non monétaires
EBE	X		
Reprises sur dépréciations, provisions, amortissements et transfert de charges			Écritures comptables qui permettent de rectifier des dotations antérieures ou de faire des transferts de comptes qui n'ont aucune incidence monétaire
Dotations sur amortisse-ments, dépréciations et provisions			Écritures comptables qui permettent de constituer des dotations afin de prendre en compte des risques ou des dépréciations
Autres produits	X		Produits et charges de gestion courante comme redevances perçues, jetons de présence... Ils ont un caractère moné-taire, ils enrichissent ou appauvrissent l'entreprise
Autres charges		X	
Produits financiers			
Intérêts perçus	X		
Reprises sur dépréciations et provisions			Écritures comptables qui permettent de rectifier des dotations antérieures
Différences positives de change	X		
Produits nets sur cessions de valeurs mobilières de placement	X		
Charges financières			
Dotations sur amortisse-ments, dépréciations et provisions			Écritures comptables qui permettent de constituer des dotations afin de prendre en compte des risques ou des dépréciations
Intérêts et charges assimilées		X	
Différences négatives de change		X	
Charges nettes sur cessions de valeurs mobilières de placement		X	
Produits exceptionnels			
sur opérations de gestion	X		
sur opérations en capital			Dans ce compte, se trouvent les flux de cessions sur les actifs. Par convention, ce flux monétaire n'est pas repris dans la CAF mais constaté dans le tableau des flux. La CAF est donc hors cessions d'actifs
Reprises sur dépréciations et provisions et transfert de charges			Écritures comptables qui permettent de rectifier des dotations antérieures ou de faire des transferts de comptes qui n'ont aucune incidence monétaire
Charges exceptionnelles			
sur opérations de gestion		X	
sur opérations en capital			Dans ce compte, se trouve la valeur comptable des élé-ments d'actifs cédés. Ils ne sont pas pris en compte dans la CAF car non monétaires et aussi parce que cette der-nière est hors cessions d'actifs
Dotations aux amortisse-ments, dépréciations et provisions			Écritures comptables qui permettent de constituer des dotations afin de prendre en compte des risques ou des dépréciations ici à caractère exceptionnel
Participations des salariés		X	
Impôts		X	
CAF = solde des enrichisse-ments – appauvrissements			

Cas Voloro

Les éléments du compte de résultat à partir de l'EBE sont les suivants :

	Excédent brut d'exploitation	583 000
+	Reprises sur amortissements et provisions, transfert de charges	63 000
+	Autres produits	16 000
–	Dotations aux amortissements	– 106 000
–	Dotations aux dépréciations et provisions	
	– sur actif circulant : dotations aux provisions	– 15 000
	– pour risques et charges : dotations aux provisions	– 1 000
–	Autres charges	– 48 000
+	Bénéfice attribué ou perte transférée	500
–	Perte supportée ou bénéfice transféré*	– 300
+	Produits financiers de participations	1 700
+	Produits des autres valeurs mobilières et créances de l'actif immobilisé	5 000
+	Autres intérêts et produits assimilés	2 500
+	Reprises sur provisions et transfert de charges	900
+	Différences positives de change	3 500
+	Produits nets sur cessions de valeurs mobilières de placement	300
–	Dotations financières aux amortissements et provisions	– 400
–	Intérêts et charges assimilées	– 460 000
–	Différence négative de change	– 2 000
–	Charges nettes sur cession de valeurs mobilières de placement	– 1 400
+	Produits exceptionnels sur opérations de gestion	65 000
+	Produits exceptionnels sur opérations en capital	150 000
+	Reprises sur provisions et transfert de charges	2 800
–	Charges exceptionnelles sur opérations de gestion	– 2 900
–	Charges exceptionnelles sur opérations en capital	– 4 000
–	Dotations exceptionnelles aux amortissements et provisions	– 14 000
–	Participation des salariés aux résultats de l'entreprise	– 27 000
–	Impôts sur les bénéfices	– 45 000
=	BÉNÉFICE	**167 200**

Calcul de la CAF à partir de l'EBE

	Excédent brut d'exploitation	583 000
+	Autres produits	16 000
–	Autres charges	– 48 000
+	Bénéfice attribué ou perte transférée	500
–	Perte supportée ou bénéfice transféré	– 300
+	Produits financiers de participations	1 700
+	Produits des autres valeurs mobilières et créances de l'actif immobilisé	5 000
+	Autres intérêts et produits assimilés	2 500
+	Différences positives de change	3 500
+	Produits nets sur cessions de valeurs mobilières de placement	300
–	Intérêts et charges assimilées	– 460 000
–	Différence négative de change	– 2 000
–	Charges nettes sur cession de valeurs mobilières de placement	– 1 400
+	Produits exceptionnels sur opérations de gestion	65 000
–	Charges exceptionnelles sur opérations de gestion	– 2 900
–	Participation des salariés aux résultats de l'entreprise	– 27 000
–	Impôts sur les bénéfices	– 45 000
	CAF	**90 900**

Dans notre exemple, on constate que la CAF est de 90 900. Par rapport à l'EBE, elle est nettement moins élevée car des charges et produits de gestion, financiers et exceptionnels, sont venus la diminuer. À noter que les intérêts et charges assimilés sont très élevés par rapport à l'EBE. Nous avons dit préalablement qu'elles ne devaient pas représenter plus de 30 % de l'EBE. Ici les frais financiers grèvent littéralement la profitabilité de la société.

La société Voloro a dégagé 90 900 de CAF. Pour savoir l'apprécier, il faut la comparer avec les années précédentes pour vérifier si l'évolution est favorable ou non. En outre, il faut la mettre en regard des investissements de l'exercice ou des investissements prévisionnels. Si elle représente au moins 30 % de ces derniers, elle peut être considérée comme acceptable. En revanche, si elle représente moins, cela signifie que le financement est assuré par des tiers et que l'entreprise a peu d'autonomie.

2. Où se trouve la capacité d'autofinancement ?

La capacité d'autofinancement représente ce que l'entreprise est capable de dégager afin de faire face à ses investissements et à ses risques de non-récupération ou de décaissements futurs. La CAF ne se résume donc pas au résultat net mais tient compte aussi des charges et produits calculés (dotations aux amortissements et provisions et reprises) qui prennent en compte des risques de pertes ou de dépréciations.

Par rapport à la présentation précédente, la CAF est représentée dans tous les éléments non monétaires que nous avons identifiés ci-dessus. Soit :

CAF =
+ Résultat net
+ Dotations aux amortissements
+ Dotations aux dépréciations, provisions d'exploitation, financières et exceptionnelles
– Reprises sur amortissements, dépréciations et provisions d'exploitation, financières et exceptionnelles
+ Valeur comptable des actifs cédés
– Produits des cessions d'actif

Les dotations aux amortissements et provisions d'exploitation, financières et exceptionnelles sont ajoutées au résultat car elles représentent des montants que l'on soustrait théoriquement et comptablement au résultat mais qui en réalité ne donnent pas lieu à flux. Les reprises sont des produits qui ne donnent pas lieu non plus à des flux et que l'on soustrait du résultat car elles sont venues artificiellement le gonfler.

Comme vu précédemment, les cessions d'actif sont enregistrées sous forme de plus- ou moins-value qui résultent de la valeur comptable des actifs cédés et les produits des cessions d'actif. Cette plus ou moins value est retirée pour calculer la CAF afin de la dégager de cet élément exceptionnel. En revanche, le flux de cession sera pris en compte pour les variations de trésorerie dans le tableau des flux.

➡ **Remarque** L'augmentation des dotations ne crée pas de la capacité d'autofinancement Cependant, lorsque l'entreprise augmente ses dotations aux amortissements, et si cette augmentation est acceptée par le fisc, elle réduit ses résultats imposables et par la même occasion ses impôts. Payant moins d'impôts, elle augmente sa capacité à s'autofinancer. Cette déduction permet de décaler le paiement d'impôt d'une année à l'autre, il se produit l'effet inverse les années suivantes.

Attention : Comme pour le raisonnement que nous avons eu à propos de l'EBE, la CAF n'est pas un flux de trésorerie. Les charges et les produits entrant dans son calcul ne sont pas nécessairement encaissés ou décaissés. L'entreprise peut avoir des dettes fournisseurs, c'est-à-dire des achats non encore payés, ou des créances, c'est-à-dire des ventes non encore encaissées. Ce décalage de règlement s'analyse à travers le besoin en fonds de roulement (BFR) et ses variations d'un exercice à l'autre (voir chapitre 5). Pour obtenir une information concernant la trésorerie issue de la CAF, il faut calculer le flux de trésorerie sur activités (voir chapitre sur le tableau de flux).

CAF – ΔBFR

= Flux de trésorerie liés à l'activité

Cas Voloro (suite) = calcul de la CAF à partir du résultat net

Calcul de la CAF à partir du résultat net		
+	BÉNÉFICE OU PERTE	167 200
+	dotations aux amortissements d'exploitation	106 000
+	dotations aux provisions d'exploitation	
	– sur actif circulant : dotations aux provisions	15 000
	– pour risques et charges : dotations aux provisions	1 000
–	Reprises sur amortissements et provisions, transfert de charges	– 63 000
+	Dotations financières aux amortissements et provisions	400
–	Reprises sur provisions à caractère financier et transfert de charges	– 900
+	Dotations exceptionnelles aux amortissements et provisions	14 000
–	Reprises sur provisions et transfert de charges	– 2 800
+	Charges exceptionnelles sur opérations en capital	4 000
–	Produits exceptionnels sur opérations en capital	–150 000
	CAF	90 900

3. L'analyse de la capacité d'autofinancement

L'analyse du bon niveau de la CAF dépend des conditions de fonctionnement de l'entreprise et de ses objectifs.

Ces trois entreprises travaillent dans le même secteur, la chimie. Leur CAF est très différente pour un même chiffre d'affaires. Quelles questions peut-on se poser ?

	A	B	C
CAF	100 000	100 000	100 000
+ Résultat net	20 000	90 000	– 40 000
+ Dotations aux amortissements, dépréciations et provisions-reprises	80 000	10 000	140 000

Entreprise A

– Le résultat est-il suffisant pour renforcer les fonds propres et satisfaire les actionnaires ?

– Cette CAF est prise à 80 % par des amortissements et des provisions. Les 20 % sont-ils suffisants pour réinvestir dans la croissance et/ou dans la stratégie ?

Entreprise B

– Les dotations aux amortissements et provisions sont très faibles, l'entreprise fonctionne-t-elle avec des matériels vieillissants et ne va-t-elle pas être obligée de réinvestir très prochainement ?

– B a peut-être choisi de sous-traiter ou de délocaliser pour mieux se concentrer sur son marketing. Dans ce cas, son résultat lui permet-il de faire face à ses plans de développement ?

– Les actionnaires vont-ils tout se repartager ?

Entreprise C

– Les dotations aux amortissements et provisions sont très élevés. L'entreprise vient-elle d'investir dans un gros programme ?

– Dans les provisions, n'y a-t-il pas des provisions à caractère exceptionnel comme un plan de restructuration ?

– La perte est-elle conjoncturelle ?

La situation de C n'est pas nécessairement la plus mauvaise, c'est peut-être celle qui est la plus dynamique mais aussi la plus risquée au moins à cette étape.

L'analyse de la CAF doit donc être mise en relation avec les choix passés de l'entreprise mais aussi avec ses objectifs stratégiques. Une CAF élevée donne à l'entreprise plus d'autonomie vis-à-vis de ses financeurs. Ceux-ci y sont d'ailleurs très attentifs et calculent la capacité de remboursement de l'entreprise en comparant la CAF avec les crédits à rembourser. Cette dernière ne doit pas être inférieure à 1/3 des dettes long terme.

$$\frac{\text{Dettes long terme}}{\text{CAF}} < 3$$

Partie 3

Les flux

9

La présentation

1. Le cadre général

Pour mener un diagnostic financier pertinent, l'analyste doit compléter ses outils et ses différents ratios et indicateurs par le tableau de flux de trésorerie. Le tableau des flux ne fait pas partie des documents comptables exigés en fin d'année par le Plan comptable général (comptes sociaux). En revanche, il est devenu obligatoire dans le cadre du plan comptable consolidé français et dans le cadre des comptes consolidés établis en normes IFRS. Ces deux référentiels concernent les groupes non cotés et cotés. Pour les comptes « sociaux », un analyste financier externe à l'entreprise peut construire ce tableau à l'aide d'au moins deux bilans : celui de l'année précédente et celui de l'année actuelle, du compte de résultat et de l'annexe de l'année actuelle.

Le tableau de flux retrace tous les mouvements de circulation de l'argent dans l'entreprise au cours d'une période donnée et quelle que soit leur nature ou leur fonction.

Le tableau des flux de trésorerie permet une lecture rapide et dynamique de l'évolution de la situation financière de l'entreprise et de sa trésorerie. Il permet aussi de connaître la nature de cette évolution, et facilite la vision immédiate des liens entre les contraintes, ou les opportunités, du métier exercé par l'entreprise et les choix et arbitrages des dirigeants par catégorie d'opérations.

Ainsi, on distingue principalement trois niveaux d'opération qui influent sur les flux de trésorerie :

– Les opérations quotidiennes menées dans le cadre du fonctionnement normal de l'entreprise, c'est-à-dire les flux liés à l'activité corrigés par les décalages de paiement et de stockage. En principe, ce flux doit être positif, car l'activité de l'entreprise est censée générer de la trésorerie pour assumer les investissements, rémunérer le capital et rembourser les dettes. Mais la réalité peut être plus nuancée, comme nous le verrons plus loin.

– Les opérations d'investissement. Les investissements correspondent à des décaissements, ce flux est en principe négatif car il correspond à une sortie de trésorerie. Mais l'entreprise peut procéder à des désinvestissements comme opérations ponctuelles ou comme opérations stratégiques d'abandon de secteurs d'activité, ce flux est alors positif.

– Les opérations de financement. Ce flux peut être positif ou négatif compte tenu des contraintes liées aux deux flux précédents et d'un arbitrage dans le cadre de la stratégie financière de l'entreprise : faut-il augmenter le capital ou la dette ? Faut-il plutôt utiliser la trésorerie existante ? Faut-il rembourser la dette ? Faut-il payer des dividendes ?

Le solde des deux premiers niveaux (activité et investissement) permet de voir l'impact de l'exercice de l'activité sur la trésorerie après la prise en compte des efforts d'investissements nécessaires et compte tenu de la profitabilité et des conditions d'exercice du métier. Ce solde est communément appelé « *free cash flow* » ou *cash flow* libre expression anglo-saxonne qui signifie qu'il s'agit d'un flux de trésorerie libéré des opérations d'investissements.

2. Comment construire le tableau des flux ?

Il n'y a pas un modèle unique de tableau des flux.

Si tous les modèles ont en commun la logique de classification des flux en trois principales catégories, une fois entré dans le détail de chaque catégorie on trouve des divergences de classement. Comme ce document n'est pas obligatoire, il n'est pas standardisé. Mais du fait qu'il est obligatoire dans les comptes consolidés, le Conseil national de la comptabilité propose un modèle qui diffère du modèle proposé dans le standard international IFRS et du modèle utilisé par la Banque de France. Pour des raisons de commodité, nous utiliserons dans cet ouvrage le modèle proposé par le CNC. Chaque partie nécessite l'accès à un certain nombre d'informations localisées dans des documents comptables différents.

A. Les flux de trésorerie liés à l'activité ou « *operating cash flow* » ou encore appelé « *cash flow* opérationnel »

C'est la partie la plus importante de ce tableau, mais aussi la plus complexe. Elle retrace l'impact de l'activité et de la profitabilité de l'entreprise sur sa trésorerie alors que dans le compte de résultat on constate les charges et les produits courus indépendamment des dates de paiement. En d'autres termes, c'est la part du résultat qui se transforme en disponibilité, compte tenu des décalages de paiement des charges et des produits et compte tenu des délais de stockage. Nous avons déjà vu cette approche à propos de l'EBE et de la CAF.

Ainsi, on trouve dans le compte de résultat certaines charges qui ne seront jamais « décaissées » comme :

– les dotations aux amortissements qui expriment le coût d'utilisation et d'usure des investissements. La dotation aux amortissements ne sera jamais décaissée puisque le décaissement intervient lors de l'achat des immobilisations ;

– les dotations aux provisions qui correspondent à des pertes ou futurs décaissements que l'entreprise doit subir sans que l'on en connaisse ni la date ni le montant exact (exemple : une provision pour une amende que l'entreprise conteste et dont le montant exact sera déterminé par les tribunaux et sera payée à une date ultérieure non encore fixée).

On trouve aussi dans le compte de résultat des charges et des produits qui sont affectés à l'exercice alors que leur paiement interviendra normalement dans quelques jours, voir quelques mois. (Exemple : les ventes et les achats à crédit, la variation des stocks. Les stocks sont destinés un jour à la vente en l'état ou transformés. Ils généreront uniquement à ce moment-là de la trésorerie. Mais pour l'année en cours, ils ne sont que des potentiels de trésorerie.

Pour un financier interne à l'entreprise, deux possibilités s'offrent à lui : une première est de calculer le flux de trésorerie lié à l'activité par la méthode directe, et la seconde de faire ce calcul par la méthode indirecte.

La méthode directe consiste à faire un tableau des rentrées et des sorties de liquidités au quotidien classées par rubriques et non pas par ordre chronologique : les encaissements clients, les encaissements des subventions d'exploitation, les décaissements en faveur des fournisseurs ou du personnel, décaissements en faveur des administrations fiscales, etc. Nous ne nous attardons pas sur cette méthode qui est très peu pratiquée par les entreprises et qui concerne surtout les analystes internes.

La méthode indirecte est la plus utilisée, elle peut être calculée par un analyste interne ou externe à condition de disposer de l'ensemble des documents comptables et des annexes. Elle consiste à déterminer le flux de trésorerie dégagé par l'activité à partir du résultat. Deux possibilités :

CALCUL À PARTIR DU RÉSULTAT DE L'EXERCICE OU RÉSULTAT NET

La formule se résume ainsi :

Résultat net
Élimination des charges et des produits sans incidence sur la trésorerie et non liés à l'activité :
+ les dotations aux amortissements et provisions (a)
– les reprises sur provisions (b)
– Les plus-values de cession, nets d'impôts (c)
– variation des BFR liés à l'activité (e)
= Flux net de trésorerie généré par l'activité

} CAF (d)

(a) Le résultat net a été amputé par des charges telles que les dotations aux amortissements et provisions, or ces charges n'ont pas d'impact direct sur la trésorerie. Ils ne seront pas décaissés. Pour cette raison, on ajoute ces charges « calculées » aux résultats pour les neutraliser. Les dotations sont visibles dans les différents niveaux des charges du compte de résultat : exploitation, financier, exceptionnel.

(b) De même, le résultat a été augmenté par les reprises sur provisions de l'année, or ces reprises ne génèrent aucune rentrée de disponible pour l'entreprise, d'où la nécessité de les neutraliser en les soustrayant du résultat. Les reprises sont visibles dans le compte de résultat aux différents niveaux des produits : exploitation, financier, exceptionnel.

(c) En revanche, les plus-values de cession, génèrent normalement de la liquidité mais sont retraités dans l'optique de les neutraliser à ce niveau et de les reprendre dans les flux de rentrée de trésorerie liées à l'investissement (c'est un désinvestissement). Les plus-values de cession figurent dans les produits et charges exceptionnels du compte de résultat et le montant précis est mentionné dans les notes du compte de résultat comptable ou dans l'annexe.

(d) L'ensemble de ces retraitements permet de calculer la capacité d'autofinancement (voir chapitre 8).

(e) Quant à la soustraction des variations des BFR, la logique est de corriger les charges et les produits des décalages d'encaissement et de décaissement. Le calcul se fait par différence entre deux bilans retraités (en valeur nette).

Les flux positifs de liquidité liés aux ventes et les autres produits de l'année N
= ventes et autres produits de l'année N

– créances clients et autres créances de N en valeur nette (ou ventes à crédit de l'année : cette vente ne génère pas de trésorerie) + créances clients et autres créances de N-1 en valeur nette	} Ce qui correspond à la variation des créances clients et autres créances

Les flux de sortie de liquidités liés aux achats et autres charges de l'année N
= achats et charges de l'année N.

+ Fournisseurs et autres dettes de l'année N (ou achats à crédit de l'année qui ne génèrent pas de sortie de liquidité) – Fournisseurs et autres dettes de l'année N-1	} Ce qui correspond à la variation des dettes fournisseurs et autres dettes

Concernant les stocks, dans le compte de résultat, la variation des stocks vient corriger les charges et les produits avec l'idée que les stocks correspondent à un potentiel de vente, or ce potentiel de vente ne génère aucune trésorerie dans l'immédiat : donc on neutralise l'impact des stocks par une écriture qui inverse celle du compte de résultat.

En définitif, les variations des comptes clients et autres créances + la variation des fournisseurs et autres dettes + la variation des stocks, correspondent à une variation des BFR.

CALCUL À PARTIR DU RÉSULTAT D'EXPLOITATION

Flux de trésorerie lié à l'activité
= Résultat d'exploitation
Élimination des charges et des produits sans incidence sur la trésorerie et non liés à l'activité :
+ les dotations aux amortissements et provisions d'exploitation
– les reprises sur provisions d'exploitation
= Excédent brut d'exploitation
– variation des BFR liés à l'exploitation
= Flux net de trésorerie d'exploitation (ETE)
Autres encaissements et décaissements liés à l'activité :
– frais financiers (sauf dotations financières)
+ produits financiers (sauf reprises aux amortissements et provisions financières)
– impôts sur les sociétés
– charges et produits exceptionnels sur opérations de gestion
= Flux net de trésorerie généré par l'activité (I)

Cette méthode présente l'avantage de montrer les flux de trésorerie liés directement à l'exploitation et indépendamment de la politique financière de l'entreprise et des éléments divers qui peuvent influencer la rentabilité. Elle permet de montrer clairement le poids de l'endettement à travers les charges et les produits financiers.

Mais cette méthode a l'inconvénient de générer un tableau plus long à exploiter.

Le flux de trésorerie lié à l'activité est une donnée majeure dans l'entreprise. Il permet de mesurer si l'activité dégage de la trésorerie. Différents cas de figures peuvent se présenter.

PRÉCAUTIONS À PRENDRE DANS LA LECTURE DU TABLEAU ET LA COMPRÉHENSION DU TABLEAU DES FLUX

	A	B	C
Résultat net	200	800	– 300
Dotations nettes aux amortissements et provisions	800	200	300
= CAF	1 000	1 000	0
Variation stocks	– 50	– 50	50
Variation clients	– 550	– 350	350
Variation fournisseurs	100	– 100	100
= *Cash flow* opérationnel	500	500	500

La variation du BFR est ici détaillée entre variation des stocks, variations clients et variations fournisseurs. La variation totale du BFR vient en soustraction de la CAF. Si nous détaillons nous soustrayons les variations de stocks, les variations clients et additionnons les variations fournisseurs. Les variations s'entendent de la différence entre l'exercice N et l'exercice N-1, elles peuvent être positives ou négatives. La variation positive du stock ou des clients entre N et N-1 signifie que ces postes augmentent, ils viennent donc diminuer le *cash* opérationnel. La variation positive des fournisseurs signifie que le BFR diminue, elle vient donc augmenter le *cash* opérationnel.

Cas A : la CAF de 1 000 ne se retrouve pas dans le *cash* de l'entreprise car les stocks augmentent de 50, les clients de 550 et les fournisseurs de 100. Au total, la variation du BFR est de +500. Ces 500 sont autant de CAF qui n'est pas transformée en trésorerie. Le *cash* opérationnel est absorbé à 50 % par la variation de BFR. Il convient alors pour l'analyste d'en déterminer les raisons : allongement de la fabrication, mévente, difficultés de recouvrement...

Cas B : la CAF de 1 000 ne se retrouve pas en *cash flow* opérationnel pour des raisons différentes : augmentation des stocks et des clients mais aussi baisse des délais fournisseurs. Quelles peuvent en être les raisons ? Méfiance des fournisseurs, de nouvelles conditions mais une plus grande rapidité de livraison, des fournisseurs différents... Dans ce cas comme dans le précédent, l'entreprise ne récupère que 50 % de la CAF en *cash*.

Cas C : La CAF est à 0 mais l'entreprise récupère de la trésorerie grâce à son déstockage, à la récupération des créances clients et à l'augmentation des délais fournisseurs. Les raisons peuvent être soit une amélioration des conditions de gestion ou plutôt le contraire une situation très critique où l'entreprise n'arrive plus à payer ses fournisseurs !

Ainsi, ces trois exemples montrent que la compréhension de la génération de *cash* doit être examinée attentivement afin de vérifier les conditions éventuelles de reconduction de ces données sur les exercices suivants. Il est évident que dans le cas de C, la récupération des créances, qui lui, est sur cet exercice très profitable ne peut se reproduire indéfiniment. Une fois les délais excessifs récupérés, l'entreprise n'aura plus de marge de manœuvre pour dégager de la trésorerie sauf si elle redevient rentable.

B. Les flux de trésorerie liés à l'investissement

LE RYTHME DE RENOUVELLEMENT DES ÉQUIPEMENTS

FLUX DE TRÉSORERIE LIES AUX OPÉRATIONS D'INVESTISSEMENTS
(–) Acquisition d'immobilisations
(+) Cessions d'immobilisations
= FLUX NET DE TRÉSORERIE LIES AUX OPÉRATIONS D'INVESTISSEMENTS (II)

L'information concernant les achats d'immobilisations et les cessions se trouve à l'annexe comptable. Les montants seront corrigés, le cas échéant, des décalages de paiement, délais de paiement des fournisseurs d'immobilisations et créances clients sur actifs cédés. Il s'agit d'acquisitions et de cessions d'immobilisations corporelles, incorporelles et financières. Ne seront pas prises en compte les augmentations d'immobilisations liées à une réévaluation d'actif ou à des transferts de poste à poste car elles ne génèrent pas de trésorerie.

Les cessions s'entendent en termes de flux d'entrée de liquidité : c'est le montant des ventes qui est pris en compte, ou l'argent récupéré (éventuellement net d'impôt si on a l'information).

Le solde entre les acquisitions et les cessions ne correspond pas à la variation au bilan des immobilisations car ces dernières sont en valeur nette comptable alors que la cession est en prix de vente.

Afin d'avoir une meilleure lisibilité sur les acquisitions et cessions, certaines entreprises détaillent ces dernières différenciant les acquisitions incorporelles, corporelles et financières. Ceci nous permet en particulier, à travers les acquisitions financières, de voir les investissements qui ont un caractère stratégique car ils représentent des investissements de croissance puis ceux qui correspondent à des investissements plus récurrents.

LE « *FREE CASH FLOW* » OU LE FLUX DE TRÉSORERIE LIÉ À L'ACTIVITÉ ET LIBRE DES INVESTISSEMENTS

C'est le solde des deux premiers flux :

Flux net de trésorerie généré par l'activité
+ Flux net de trésorerie liés aux opérations d'investissements
= *Cash flow* libre

Il correspond aux flux de trésorerie qui restent avant toute politique financière. En fonction du volume de ce flux et de son évolution prévue, les arbitrages financiers doivent avoir lieu : politique d'endettement et de distribution de dividendes ou augmentation du capital. Il prend en compte les conséquences des choix des dirigeants en matière d'investissement, de marges (prix de vente et positionnement commercial), de conditions de commercialisation et de choix des partenaires et des conditions de fonctionnement en général

Le *cash flow* libre doit-il être positif ? Le *cash flow* opérationnel devrait permettre de financer les investissements récurrents c'est-à-dire ceux que l'on doit faire nécessairement tous les ans pour maintenir son outil de production ou de commercialisation en état. Les amortissements qui sont constitués ne sont pas uniquement là pour faire apparaître au bilan les valeurs nettes comptables des biens mais aussi pour autofinancer les investissements. En revanche, le *cash flow* opérationnel ne peut pas toujours couvrir les investissements stratégiques de l'entreprise. Il est difficile de penser et de vouloir qu'une année de *cash flow* opérationnel finance l'acquisition d'une filiale dont la vocation est d'être rentabilisée sur plusieurs exercices. Cependant, si le *cash flow* opérationnel peut en couvrir une partie, l'entreprise sera d'autant plus indépendante vis-à-vis des banquiers ou des actionnaires.

Le *cash flow* libre devrait donc être positif si l'entreprise n'a pas de grands projets d'investissements sinon l'on doit admettre qu'il peut être négatif. Dans ce cas les opérations de financement vont permettre de voir comment les investissements ont été financés en plus du *cash flow* opérationnel.

	A	B	C
***Cash flow* opérationnel**	*500*	*500*	*500*
Investissement	*5 000*	*800*	*500*
Cession d'actifs immobilisés	*3 000*		
***Cash* sur opérations d'investissements**	*– 2 000*	*– 800*	*– 500*
Free cash flow	*– 1 500*	*– 300*	*0*

Cas A : les opérations d'investissements sont importantes. Elles sont en partie financées par des cessions d'actif et par un peu de *cash* sur activités opérationnelles. Il manque encore 1 500 pour lesquels les financements peuvent être une augmentation de capital, un crédit bancaire ou bien simplement pris sur la trésorerie existante si elle est suffisante.

Cas B : le *cash flow* sur activités opérationnelles permet de couvrir une bonne partie des investissements mais il reste 300 à financer.

Cas C : le *cash* des activités opérationnelles est suffisant pour financer les investissements. C'est la situation idéale mais par forcément la plus prometteuse. Les cas A ou B sont peut-être beaucoup plus dynamiques.

C. Les flux de trésorerie liés au financement

Les engagements des différents partenaires financiers

Flux de trésorerie liés aux opérations de financement :
(+) Augmentation du capital en numéraire et autres fonds propres
(–) Dividendes versés
(–) Remboursements d'emprunts (y compris diminution des concours bancaires courants)
(+) Émission d'emprunts (y compris augmentation des concours bancaires courants)
= FLUX NETS DE TRÉSORERIE LIÉS AUX OPÉRATIONS DE FINANCEMENTS (III)

L'augmentation du capital s'entend nette et par apports externes. Elle sera donc corrigée des éventuelles tranches non appelées. On exclut toute augmentation du capital par intégration des réserves car elle ne génère pas de flux.

Les dividendes correspondent aux dividendes sur les résultats ou les reports à nouveau de l'année précédente.

Les emprunts correspondent à toute la dette financière nouvelle (obtenue au cours de la période N étudiée), incluant les dettes financières à long et moyen terme aussi bien que la dette financière à court terme (concours bancaires courants).

Les remboursements d'emprunts sont les remboursements en capital des dettes existantes. Toutes les informations requises pour cette partie du tableau se trouvent dans l'annexe comptable de l'année N à l'exception des concours bancaires courants qu'on peut déterminer par écart entre deux bilans reclassés : N et N-1.

Les différentes opérations de financement permettent de voir quelle a été la politique adoptée par l'entreprise : choix de l'augmentation de capital et/ou choix de l'emprunt. Ce flux peut être négatif et ne pas couvrir le *free cash flow*. Dans ce cas, les ressources manquantes sont prises sur la trésorerie (cela suppose que la trésorerie était positive en début d'année).

D. La variation de la trésorerie

VARIATION DE LA TRÉSORERIE
– Trésorerie d'ouverture (telle qu'elle apparaît au bilan N-1)
+ Trésorerie de clôture (du bilan N)
= Vérification = (I) + (II) + (III)

La trésorerie comprend les disponibilités et les équivalents de disponibilités ou placements à très court terme soustraction faite, le cas échéant, des découverts bancaires momentanés.

De façon pratique pour un analyste externe, on peut prendre pour des raisons de commodité le montant de la trésorerie actif (voir chapitre 5).

Exemple de construction de tableau des flux :
Soit l'entreprise « BIG »

COMPTE DE RÉSULTAT RÉSUMÉ *(EN K€)*	
CHIFFRE D'AFFAIRES (CAHT)	**15 230**
(–) Consommations de l'exercice en provenance de tiers	9 626
• achats stockés de MP et autres approvisionnements	7 067
• variations des stocks de MP et autres	40
• autres achats et charges externes	2 519
(–) impôts, taxes et versements assimilés	153
(–) charges du personnel	4 795
EXCÉDENT BRUT D'EXPLOITATION (EBE)	**656**
Excédent brut d'exploitation	656
(–) dotations aux amortissements et provisions d'exploitation	130
(+) reprises d'amortissements et provisions d'exploitation	26
(+) transferts de charges d'exploitation	
(+/–) autres produits et charges	– 95
RÉSULTAT D'EXPLOITATION (REX)	**457**
(+) produits financiers	7
(–) charges financières	401
RÉSULTAT COURANT	**63**
(+/–) résultat exceptionnel	23
(–) participation des salariés aux fruits de l'expansion	16
(–) impôts sur les sociétés	26
RÉSULTAT DE L'EXERCICE	**44**

NB : les éléments financiers et exceptionnels ne comportent pas de dotations ni reprises.

BILAN reclassé (après répartition)					
ACTIF	**N-1**	**N**	**PASSIF**	**N-1**	**N**
1- IMMOBILISATIONS INCORPORELLES	**85**	**82**	**1- RESSOURCES PROPRES** Capital, réserves, résultats conservés Autres fonds propres et quasi-fonds propres	**420** 420 **0**	**464** 464 0
2- IMMOBILISATIONS CORPORELLES	**819**	**841**	**2- PROVISIONS POUR RISQUES ET CHARGES**	8	**7**
3- IMMOBILISATIONS FINANCIÈRES	**1**	**0**	**3- DETTES STRUCTURELLES**	346	**361**
I ACTIF IMMOBILISÉ	**904**	**923**	**I RESSOURCES STRUCTURELLES**	**774**	**833**
4- ACTIF D'EXPLOITATION – net ***Stocks et en-cours*** Avances et acomptes versés Créances clients (dont escompte et Dailly) et autres créances, charges constatées d'avance	**5 700** ***1 215*** 4 484	**5 341** ***1 126*** 4 216	**4- DETTES D'EXPLOITATION**	**3 759**	**3 447**
5- TRÉSORERIE ACTIVE	**22**	**118**	**5- TRÉSORERIE PASSIVE**	**2 093**	**2 104**
II ACTIF CIRCULANT	**5 721**	**5 460**	**II DETTES COURANTES**	**5 852**	**5 550**
TOTAL DE L'ACTIF	**6 626**	**6 383**	**TOTAL DU PASSIF**	**6 626**	**6 383**

Éléments résumés de l'annexe

	Exercice N
Dividendes	
Engagements : Effets portes à l'escompte et non échus **Autres achats et charges externes :** – Sous-traitance – Location, charges locatives...	 1 900 522
2- Investissements de l'exercice	
Acquisition d'immobilisations :	130
Cession d'éléments d'actif Valeur nette comptable de cession Prix de cession Plus ou moins-value de cession	 7 9 3
3- Emprunts et prêts	
Emprunts à terme Emprunts contractés dans l'exercice Emprunts remboursés dans l'exercice	 68 53

TABLEAU DES FLUX DE TRÉSORERIE – Méthode indirecte	
	N
Flux de trésorerie liés à l'activité Résultat net Élimination des charges et produits sans incidence sur la trésorerie et non liés à l'activité : (+) Amortissements et provisions (1) (–) Plus-values de cession Variation du besoin en fonds de roulement lié à l'activité	 44 **104** **3** **– 46**
1- FLUX NETS DE TRÉSORERIE GÉNÉRÉS PAR L'ACTIVITÉ *(Cash flow)*	191
Flux de trésorerie liés aux opérations d'investissement : (–) Acquisition d'immobilisations (+) Cessions d'immobilisations	 130 9
2- FLUX NETS DE TRÉSORERIE LIÉS AUX OPÉRATIONS D'INVESTISSEMENT	121
Flux de trésorerie liés aux opérations de financement : (+) Augmentation du capital en numéraire et autres FP (–) Dividendes versés (–) Remboursements d'emprunts (+) Émission d'emprunts	 53 79
3- FLUX NETS DE TRÉSORERIE LIÉS AUX OPÉRATIONS DE FINANCEMENT	926
1 + 2 + 3 = VARIATION DE LA TRÉSORERIE NETTE	97
Trésorerie d'ouverture	22
Trésorerie de clôture	118
Vérification	97

(1) Sauf dépréciation sur actif circulant.

Nous constatons qu'avec un résultat de 44, l'entreprise réussit à dégager une trésorerie liée à l'activité de 191. Parmi les charges qui ont affecté le résultat il y a les dotations nettes aux amortissements qui ne sont pas décaissées, on les a donc rajoutées. Il y a les BFR qui diminuent en année N et qui dégagent de la trésorerie. Il y a la plus-value de cession qui est retirée à ce niveau pour apparaître dans le solde suivant pour un autre montant et en flux positif de trésorerie lié au désinvestissement.

Les investissements de 130 (sortie de trésorerie) ont été regroupés avec le flux de rentrée de liquidité lié aux désinvestissements de 9. En définitif, les opérations d'investissement absorbent une somme de 121 uniquement. Comme l'activité dégage un *cash* de 191, il reste donc 70 que l'entreprise aurait pu utiliser entièrement pour rembourser des dettes financières.

Mais l'entreprise rembourse 53 de ses dettes et réemprunte 79, dont 68 à LMT et 11 en concours bancaires courants. Ainsi, en net, l'endettement nouveau est de 26. L'entreprise, en même temps, ne verse aucun dividende et ne procède à aucune augmentation du capital (voir aucune diminution) elle retrouve les excédents de 26 +70 = 118 en augmentation de sa trésorerie actif.

3. La relation résultat/trésorerie

Le résultat net positif d'une entreprise est une condition de survie indispensable pour motiver les différents partenaires et les rémunérer immédiatement ou de façon décalée. Le résultat net vient augmenter les fonds propres et par conséquent les potentialités d'endettement et en général la confiance des créditeurs de l'entreprise.

Mais la réalisation d'un bon résultat peut être accompagnée de conditions particulières qui incitent à nuancer la réponse.

Un bon niveau de résultat peut être réalisé au détriment des conditions de paiements clients et fournisseurs et aux conditions de stockage :

- en accordant des délais plus longs aux clients l'entreprise se permet d'augmenter les prix ou peut gagner de nouveaux clients ;
- en proposant à sa clientèle des produits à tarifs élevés, l'entreprise peut avoir le slogan : commandez n'importe quelle référence parmi nos différents modèles et couleurs et vous serez livrés demain chez vous ;
- en accédant à des réductions des prix auprès des fournisseurs en contre partie d'un paiement comptant.

Un résultat peut augmenter au prix d'efforts très soutenus d'investissements :

- en utilisant le matériel industriel le plus sophistiqué et par conséquence en renouvelant ce matériel très souvent ;
- en achetant des magasins de vente multiples pour rester à proximité des clients…

En définitif, le résultat net ne s'accompagne pas obligatoirement de flux de trésorerie positifs immédiats.

10

La méthodologie d'analyse des flux

Comme tous les outils d'analyse financière, le tableau des flux doit être lu et interprété dans le cadre d'un diagnostic économique et financier global de l'entreprise avec la prise en compte du secteur d'activité de cette dernière et du contexte économique global et particulier dans lesquels elle fonctionne.

La force de ce tableau réside essentiellement dans le fait qu'il facilite la lecture des conséquences de la politique et de la stratégie commerciales de l'entreprise sur sa structure financière, indépendamment de la politique financière (à travers les deux premières parties). Il permet la lecture rapide des conséquences de la politique financière dans la troisième partie.

Un tableau des flux couvrant trois ans permet de voir en lecture rapide :

– le niveau du résultat de l'exercice de l'année N et son évolution sur les trois dernières années ;

– si le résultat est essentiellement dû à la réalisation d'une plus-value de cession ou s'il est la conséquence d'un bon arbitrage entre croissance et marges. Les plus-value sur cessions apparaissant dans les corrections de la première partie des flux liés à l'activité, il est aisé de constater leur impact sur le résultat ;

– le poids des dotations aux amortissements et provisions dans l'entreprise ;

– l'impact des modifications des BFR ;

– le dynamisme de l'investissement, voire des désinvestissements, et la réactivité de l'entreprise aux évolutions technologiques du métier et ou aux évolutions de la demande ;

– l'engagement des actionnaires et leurs apports ;

– la politique de distribution de dividendes ;

– la politique d'endettement.

Quelques ratios très utilisés aujourd'hui dans le milieu financier sont calculés à partir du tableau des flux. Notons :

– le ***Free cash flow***/Service de la dette[1]. Ce ratio est facile à interpréter et permet de voir si l'entreprise arrive à faire face à sa dette par la trésorerie dégagée de son activité et après ses choix d'investissement.

– **EBITDA/Flux de trésorerie dégagée par l'activité** ou la part de la richesse de l'entreprise qui s'est transformée réellement en *cash*.

1. Quelques exemples de lecture de politiques commerciales à travers le tableau des flux

Exemple 1 : UNE ENTREPRISE EN PLEINE CROISSANCE DANS UN SECTEUR PROMETTEUR OÙ LA CONCURRENCE EST NORMALE

– Les flux de trésorerie liés à l'activité seront plutôt faibles, voire négatifs. Le résultat net a de fortes chances d'être plutôt faible, en tout cas insuffisant pour faire face à l'évolution des BFR qui progressent compte tenu de la progression de l'activité.

– Les flux de trésorerie liés aux investissements seront très négatifs et ne seront pas couverts par les flux de trésorerie de l'activité. Le « *free cash flow* » sera négatif.

Exemple 2 : UNE ENTREPRISE EN PHASE DE MATURITÉ OU AVEC UN PORTEFEUILLE D'ACTIVITÉS DIVERSIFIÉ ET ÉQUILIBRÉ

– Les flux de trésorerie liés à l'activité seront positifs et suffisants sur une durée de 2 à 3 ans pour couvrir les flux négatifs d'investissements. Cette situation confortable ne peut durer que pendant une période limitée, sauf si l'entreprise a assuré pour elle-même une position de leader et si le(s) produit(s) sont caractérisés par une durée de vie assez longue (production de métaux pour l'industrie, production de produits alimentaires de consommation courante, etc.).

Exemple 3 : UNE ENTREPRISE QUI A L'ESSENTIEL DE SES PRODUITS EN DÉCLIN

– Les flux de trésorerie liés à l'activité commencent par être négatifs faute de niveau de rentabilité satisfaisant, puis recommencent à devenir positifs grâce à des mesures drastiques qui s'imposent, ou à cause des difficultés de payer les fournisseurs, l'État et les autres dettes. On reconnaît la situation de quasi-cessation de paiement si le résultat est négatif et il est accompagné d'une forte diminution des BFR.

– Les flux d'investissement sont positifs : le désinvestissement permet de faire face aux déficits de l'exploitation.

1. Le service de la dette correspond aux sommes annuelles versées en intérêts et remboursement de la dette.

2. Le tableau des flux comme instrument de gestion prévisionnelle

Ce tableau peut jouer un rôle primordial dans la démarche prévisionnelle et comme test de cohérence entre les décisions industrielles et commerciales prévisionnelles et les arbitrages financiers. Quand le tableau des flux est effectué en prévisionnel, il est plus cohérent de calculer le premier solde ou le flux de trésorerie lié à l'activité hors frais financiers, et de soustraire les frais financiers au niveau des flux de trésorerie liés au financement.

Reprenons le cas de l'entreprise « BIG ».

Éléments prévisionnels pour l'année N +1 : progression du CA de 18 %, d'où un résultat d'exploitation de 548 et une progression des BFR de 758. Pour la réalisation de cette croissance de l'activité, il est nécessaire de faire des investissements de 800. Les dotations aux amortissements s'élèveraient à 200. Le remboursement de la dette à LMT existante sera de 60 en N + 1. Le tableau de flux prévisionnel avant financement se présente ainsi :

TABLEAU DES FLUX DE TRÉSORERIE – Méthode indirecte – Avant financement	
	N+1
Flux de trésorerie liés à l'activité	
Résultat d'exploitation après impôts*	366
Élimination des charges et produits sans incidence sur la trésorerie et non liés à l'activité :	
(+) Amortissements et provisions (1)	**200**
Variation du besoin en fonds de roulement lié à l'activité	**758**
1- FLUX NETS DE TRÉSORERIE GÉNÉRÉS PAR L'ACTIVITÉ *(Cash flow)*	– 192
Flux de trésorerie liés aux opérations d'investissement :	
(–) Acquisition d'immobilisations	800
(+) Cessions d'immobilisations	
2- FLUX NETS DE TRÉSORERIE LIÉS AUX OPÉRATIONS D'INVESTISSEMENT	– 800
3- *Free Cash flow*	– 992
Flux de trésorerie liés aux opérations de financement :	
(+) Augmentation du capital en numéraire et autres FP	
(–) Dividendes versés	
(–) Remboursements d'emprunts	60
(–) Charges financières net d'impôt	
(+) Émission d'emprunts	
4- FLUX NETS DE TRÉSORERIE LIÉS AUX OPÉRATIONS DE FINANCEMENT	– 60
3 + 4 = VARIATION DE LA TRÉSORERIE NETTE	– 1 052
Trésorerie d'ouverture	118
Trésorerie de clôture	– 934
*Résultat d'exploitation avant impôt × (1 – taux de l'IS) 548 × (1 - 0,3333) = 366	

(1) Sauf dépréciations sur actif circulant

La croissance nécessite une ressource totale de 992, dont 800 liés aux investissements et 192 liés au financement de l'activité. La rentabilité générée par la croissance ne suffit pas pour couvrir les BFR supplémentaires. L'entreprise peut utiliser sa trésorerie initiale qui est de 118, et il reste au minimum 874 à trouver. Mais comme les remboursements des dettes actuelles sont prévus pour un montant de 60, le besoin total est de 934.

Première solution : augmentation du capital de 1 150 qui sera accompagné d'un dividende de 70.

TABLEAU DES FLUX DE TRÉSORERIE – Méthode indirecte **Après financement par augmentation du capital**	
	N+1
Flux de trésorerie liés à l'activité Résultat d'exploitation après impôts* Élimination des charges et produits sans incidence sur la trésorerie et non liés à l'activité : (+) Amortissements et provisions (1) Variation du besoin en fonds de roulement lié à l'activité	 366 **200** **758**
1- FLUX NETS DE TRÉSORERIE GÉNÉRÉS PAR L'ACTIVITÉ *(Cash flow)*	– 192
Flux de trésorerie liés aux opérations d'investissement : (–) Acquisition d'immobilisations (+) Cessions d'immobilisations	 800
2- FLUX NETS DE TRÉSORERIE LIÉS AUX OPÉRATIONS D'INVESTISSEMENT	– 800
3- *Free Cash flow*	– 992
Flux de trésorerie liés aux opérations de financement : (+) Augmentation du capital en numéraire et autres FP (–) Dividendes versés (–) Remboursements d'emprunts (–) Charges financières net d'impôt (+) Émission d'emprunts	 1 150 70 60 112 0
4- FLUX NETS DE TRÉSORERIE LIÉS AUX OPÉRATIONS DE FINANCEMENT	908
3 + 4 = VARIATION DE LA TRÉSORERIE NETTE	– 84
Trésorerie d'ouverture	118
Trésorerie de clôture	34
* Résultat d'exploitation avant impôt × (1 – taux de l'IS) 548 × (1 - 0,3333) = 366	

(1) Sauf dépréciations sur actif circulant.

L'augmentation du capital génère une distribution d'un dividende.

Les charges financières sont dues sur les dettes de l'année N et elles sont calculées après impôt.

Deuxième solution : augmentation de la dette de 1 150 et des charges financières complémentaires de 54 net d'impôts.

TABLEAU DES FLUX DE TRÉSORERIE – Méthode indirecte Après financement par dettes et augmentation du capital	
	N+1
Flux de trésorerie liés à l'activité	
Résultat d'exploitation après impôts*	366
Élimination des charges et produits sans incidence sur la trésorerie et non liés à l'activité :	
(+) Amortissements et provisions (1)	**200**
Variation du besoin en fonds de roulement lié à l'activité	**758**
1- FLUX NETS DE TRÉSORERIE GÉNÉRÉS PAR L'ACTIVITÉ *(Cash flow)*	– 192
Flux de trésorerie liés aux opérations d'investissement :	
(–) Acquisition d'immobilisations	800
(+) Cessions d'immobilisations	
2- FLUX NETS DE TRÉSORERIE LIÉS AUX OPÉRATIONS D'INVESTISSEMENT	– 800
3- *Free Cash flow*	– 992
Flux de trésorerie liés aux opérations de financement :	
(+) Augmentation du capital en numéraire et autres FP	0
(–) Dividendes versés	0
(–) Remboursements d'emprunts	60
(–) Charges financières net d'impôt	166
(+) Émission d'emprunts	1 150
4- FLUX NETS DE TRÉSORERIE LIÉS AUX OPÉRATIONS DE FINANCEMENT	924
3 + 4 = VARIATION DE LA TRÉSORERIE NETTE	– 68
Trésorerie d'ouverture	118
Trésorerie de clôture	50
*Résultat d'exploitation avant impôt × (1 – taux de l'IS) 548 × (1 - 0,3333) = 366	

(1) Sauf dépréciations sur actif circulant.

Les charges financières enregistrent un net rebond (calcul après impôt).

Les atouts du tableau des flux en font un document incontournable pour l'analyse financière, mais il faut rester attentifs à certains pièges et limites de ce tableau. Par exemple le fait que les variations des BFR soient calculées par différence entre deux bilans, donc sur la base des BFR à un instant « t » de l'année, fausse l'analyse quand l'activité de l'entreprise est saisonnière, et quand les dirigeants utilisent des méthodes de *Window dressing* (comme évoqué chapitre 5).

En distinguant les flux liés à l'activité, aux investissements, aux modes de financement et leur incidence sur la trésorerie, le tableau de flux donne une vision sur trois ans de la profitabilité et des choix qui ont été faits. Ce tableau est utile aussi à établir en prévisionnel afin de vérifier l'incidence des choix d'investissement, en particulier sur la trésorerie.

3. Le tableau de flux : un outil d'analyse rapide

Tableau des flux de la société A

II. TABLEAU DES FLUX DE TRÉSORERIE – Méthode indirecte			
	N-2	N-1	N
Flux de trésorerie liés à l'activité			
Résultat net			
Élimination des charges et produits sans incidence sur la trésorerie et non liés à l'activité :	5 443	7 622	8 812
(+) Amortissements et provisions (1)	**4 568**	**2 810**	**2 857**
(–) Plus-values en cession	**– 174**	**12**	**341**
(–) Variation du besoin en fonds de roulement lié à l'activité	**– 227**	**315**	**– 348**
1- FLUX NETS DE TRÉSORERIE GÉNÉRÉS PAR L'ACTIVITÉ *(Cash flow* opérationnel*)*	10 412	10 105	11 676
Flux de trésorerie liés aux opérations d'investissement :			
(–) Acquisition d'immobilisations	4 687	5 330	11 388
(+) Cessions d'immobilisations	713	672	868
2- FLUX NETS DE TRÉSORERIE LIÉS AUX OPÉRATIONS D'INVESTISSEMENT	– 3 974	– 4 658	– 10 520
Flux de trésorerie liés aux opérations de financement :			
(+) Augmentation du capital en numéraire et autres FP	– 331	– 253	– 2 073
(–) Dividendes versés	2 800	3 114	3 471
(–) Remboursements d'emprunts	3 635	3 142	2 638
(+) Émission d'emprunts	720	1 898	1 759
3- FLUX NETS DE TRÉSORERIE LIÉS AUX OPÉRATIONS DE FINANCEMENT	– 6 046	– 4 611	– 6 423
1 + 2 + 3 + 4 = VARIATION DE LA TRÉSORERIE	392	836	– 5 267
Trésorerie d'ouverture	8 823	9 215	10 051
Trésorerie de clôture	9 215	10 051	4 784
Vérification	392	836	– 5 267

(1) Sauf dépréciations sur actif circulant.

Commentaires sur le tableau et sur l'évolution de la structure financière de l'entreprise A :

– Le résultat est en régulière progression sur les trois années. Ce résultat est impacté marginalement par des plus ou moins-values de cession.

– Les fluctuations des BFR n'affectent pas de façon significative les flux de trésorerie.

– Le flux de trésorerie généré par l'activité reste relativement stable voir en bonne progression la dernière année.

– Le *cash flow* opérationnel couvre largement les opérations d'investissement les deux premières années, mais ne laissent qu'un petit excédent la 3e année. (1)

– En N-2 et N-1 le « *free cash flow* » permet de payer des dividendes (2) et de faire face quasiment aux remboursements des dettes.

– En N, les investissements sont plus conséquents, le *free cash flow* ne permet pas de faire face à la politique de distribution des dividendes ni aux exigences de remboursements des dettes. L'entreprise procède à des émissions de nouvelles dettes et surtout elle se permet de ponctionner une partie de sa trésorerie actif (3).

L'entreprise ne procède à aucune augmentation nette du capital. Mais considère que l'effort des actionnaires réside dans le fait qu'ils acceptent de sortir un peu moins que la moitié des résultats sous forme de dividendes et de garder l'autre moitié pour autofinancer l'entreprise (4).

(1) On peut légitimement se demander si les flux de trésorerie générés par l'activité couvrent les investissements parce que ces flux sont élevés ou parce que les investissements sont faibles. Pour répondre à cette interrogation, il nous faut quelques informations supplémentaires : à quel secteur d'activité appartient l'entreprise ? Est-elle dans un secteur qui nécessite beaucoup d'innovations et le renouvellement rapide des immobilisations ? Est-ce un secteur en pleine croissance ? Est-elle leader sur son marché ou occupe-t-elle une position marginale ? Quel est le volume de l'actif immobilisé au bilan et les investissements correspondent à quel pourcentage, etc. Dans le cas de l'entreprise A, les immobilisations nettes au bilan N-2 et N-1 sont d'environ 60 000 et passent à 66 000 en N, elle est leader sur un marché alimentaire stable mais qui nécessite des innovations permanentes mais non révolutionnaires. On conclut que les investissements sont *a priori* suffisants.

(2) et (4) On peut se demander si les dividendes sont élevés, et si les actionnaires se désengagent de l'entreprise.

Dans le cas de l'entreprise A, les capitaux propres sont en progression permanente et représentent environ 50 % du total actif sur toute la durée des 3 ans : les actionnaires assument le risque principal dans l'entreprise et ne se désengagent pas. Le ratio dividendes/capitaux propres ressort à environ 6 % tous les ans.

(4) La ponction sur la trésorerie surtout la dernière année est-elle inquiétante ? Il suffit de voir le niveau de la trésorerie restant même en N : elle représente toujours 10 % du total bilan. Son niveau est donc toujours confortable pour faire face à de nouvelles urgences d'investissements ou de remboursement des dettes.

Tableau des flux de la société B

II. TABLEAU DES FLUX DE TRÉSORERIE – Méthode			
	N-2	**N-1**	**N**
Flux de trésorerie liés à l'activité			
Résultat net			
Élimination des charges et produits sans incidence sur la trésorerie et non liés à l'activité :	28	36	42
(+) Amortissements et provisions (1)	**7**	**19**	**20**
(–) Plus-values en cession	**2**	**1**	**0**
(–) Variation du besoin en fonds de roulement lié à l'activité	**13**	**8**	**12**
1- FLUX NETS DE TRÉSORERIE GÉNÉRÉS PAR L'ACTIVITÉ *(Cash flow* opérationnel*)*	20	46	50
Flux de trésorerie liés aux opérations d'investissement :			
(–) Acquisition d'immobilisations	35	54	50
(+) Cessions d'immobilisations	7	3	1
2- FLUX NETS DE TRÉSORERIE LIÉS AUX OPÉRATIONS D'INVESTISSEMENT	– 29	– 51	– 49
Flux de trésorerie liés aux opérations de financement :			
(+) Augmentation du capital en numéraire et autres FP	62	1	4
(–) Dividendes versés	1	8	11
(–) Remboursements d'emprunts	57	8	35
(+) Émission d'emprunts	5	38	12
3- FLUX NETS DE TRÉSORERIE LIÉS AUX OPÉRATIONS DE FINANCEMENT	10	22	– 30
1 + 2 + 3 + 4 = VARIATION DE LA TRÉSORERIE	2	18	– 29
Trésorerie d'ouverture	9	10	29
Trésorerie de clôture	10	29	0
Vérification	2	18	– 29

(1) Sauf dépréciations sur actif circulant.

Commentaires sur le tableau des flux et l'évolution de la situation financière de B :

– La bonne progression du résultat net sur la période a des chances d'être le fruit d'une augmentation du chiffre d'affaires au regard de l'augmentation permanente des BFR.

– Le flux de trésorerie dégagé de l'activité est positif sur toute la période, mais dans l'ensemble, il ne suffit pas pour financer les investissements.

– En N-2, le financement principal des investissements est assuré par les associés qui ont augmenté le capital pour combler les besoins d'investissements non couverts et pour permettre à l'entreprise de rembourser des dettes financières. Cette même année, une cession d'immobilisation a eu lieu et a contribué à alléger les besoins nets d'investissement.

– En N-1, c'est plutôt par la dette que l'entreprise couvre le résiduel de son besoin de financement.

– En N, l'entreprise utilise toute sa liquidité pour rembourser des dettes.

– L'entreprise mène une politique de distribution de dividende qui paraît raisonnable en % des résultats

Cette PME est sous-traitant industriel. En N-2, elle a commencé son orientation vers des produits technologiques de pointe : un redéploiement des investissements vers de nouveaux secteurs sans abandonner l'essentiel de son portefeuille de produits. Comme sa clientèle est essentiellement composée de grands industriels, son problème principal est le BFR et son évolution permanente avec la croissance du chiffre d'affaires.

Certes, le tableau des flux de l'entreprise B montre une situation moins confortable que celui de l'entreprise A mais qui reste acceptable. L'entreprise B ressemble plus à la moyenne des PME industrielles en France.

Partie 4

La rentabilité

11

La rentabilité économique

Le chapitre 6 nous a permis d'analyser le résultat et sa formation à travers le compte de résultat et les soldes intermédiaires de gestion. Mais pour analyser la rentabilité, il faut comparer les résultats d'une entreprise aux différents moyens qu'elle utilise pour les réaliser.

Quand une entreprise dégage de fortes marges, on considère, en première lecture, qu'elle est performante. Cependant, pour une réelle appréciation de ses performances, il faut prendre en compte :

– les efforts d'investissement et le volume des immobilisations qu'elle a dû mettre en place pour pouvoir fonctionner ;

– les conditions commerciales souples ou intenables qu'elle subit ou qu'elle choisit dans le cadre de l'exercice de son métier : stockage excessif pour répondre aux exigences des clients, délais de règlement clients trop long ou délais de règlement fournisseurs très faibles.

Pour pouvoir investir et assumer les délais de stockage et de règlement client, l'entreprise doit mobiliser des capitaux qu'elle emprunte ou qu'elle reçoit de ses actionnaires. Ces capitaux ont un coût qui peut dépasser la marge dégagée si l'entreprise n'est pas suffisamment performante.

Le coût des capitaux empruntés apparaît dans le compte de résultat au niveau des charges financières, mais le coût des capitaux propres n'apparaît pas dans les comptes et ne fait pas partie des charges comptabilisées par l'entreprise.

Le coût des capitaux propres, ou la rentabilité attendue des actionnaires, est une vraie contrainte financière que l'on ne peut pas négliger même si elle n'a pas de fondement juridique et même si elle n'apparaît pas dans les charges du compte de résultat.

Nous proposons dans ce chapitre de comparer les résultats aux moyens mis en œuvre :

– En première partie, nous développerons le concept de rentabilité économique : définitions, enjeux, et leviers d'amélioration.

– En deuxième partie, la rentabilité vue par les actionnaires ou rentabilité financière.

– En troisième partie, nous aborderons la mesure de la rentabilité par rapport à l'endettement.

1. Les capitaux investis

Les capitaux investis, ou l'actif économique, (ou encore « *Capital Employed* », capitaux employés ou capitaux utilisés) correspondent aux moyens nécessaires pour qu'une entreprise exerce son métier. Il s'agit des investissements (actifs immobilisés nets) et des besoins en fonds de roulement (BFR). Ces besoins, liés au cycle d'exploitation (pour les BFR) et au cycle d'investissement (pour les immobilisations), sont financés par des ressources qui viennent des actionnaires ou des créanciers (principalement les banquiers). Le montant global des ressources correspond au montant total des besoins.

Il est possible de présenter schématiquement le bilan résumé comme suit à partir du bilan reclassé (chapitre 5) :

Tableau 11.1

Actif économique : **Quels sont les moyens d'exploitation utilisés ?**	Capitaux investis : **Qui a assuré le financement ?**
Actifs immobilisés en valeur nette **(y compris immobilisations financées par crédit-bail)**	Ressources propres **Capital et réserves**
+ **Besoins en fonds de roulement :** **L'actif circulant lié à l'activité :** Stocks et créances clients et autres créances d'exploitation (y compris créances mobilisées et non échues) **– Dettes d'exploitation principalement les dettes fournisseurs**	+ **Dettes financières nettes :** Dettes à long et moyen (y compris le crédit-bail) + Trésorerie passif (dettes financières à court terme y et effets remis à l'escompte et non échus) **– Trésorerie actif ou disponibilités et placement financier à court terme**

On peut présenter un schéma plus simplifié :

Tableau 11.2

Actif économique : **Quels sont les moyens d'exploitation utilisés ?**	Capitaux investis : **Qui a assuré le financement ?**
Les immobilisations (en valeur nette) + **Besoins en fonds de roulement (BFR)**	**Ressources propres** + **Dettes financières nettes**

Ainsi, nous avons dans les capitaux investis d'un côté l'ensemble des emplois engagés par l'entreprise dans le cadre de l'exercice de son métier et de l'autre côté les ressources dont elle a disposé pour financer ces besoins.

Le calcul des capitaux investis se fait, pour des raisons de commodité, à partir du bilan de fin d'année. Mais si l'activité est cyclique, il serait plus significatif de calculer des BFR moyens sur l'année.

En reprenant l'exercice du chapitre 5 (synthèse des retraitements de la société « Étoile »), on peut résumer encore le bilan retraité pour obtenir le volume des capitaux investis.

Bilan reclassé après répartition en milliers d'euros			
ACTIF	**VN**	**PASSIF**	
Immobilisations		**Ressources propres**	
incorporelles (1)	80	Capitaux propres (6)	634
corporelles (2)	1 054		
financières	17		
Total	**1 151**	**Dettes financières structurelles (7)**	614
Actif circulant lié à l'activité			
Stocks	1 126	**Dettes d'exploitation (8)**	3 227
Créances clients (3)	3 852		
Autre (4)	307		
Trésorerie actif (5)	143	**Trésorerie passif (9)**	2 104
TOTAL	**6 579**	**TOTAL**	**6 579**

Ainsi les capitaux investis de l'entreprise « Étoile » se calculent comme suit :

Actif économique	**Capitaux investis**
Immobilisations 1 151	Ressources propres 649
BFR = 1 126 + 3 852 + 307 – 3 227 = 2 073	Dettes financières nettes = 614 + 2 104 – 143 = 2 575
Total 3 224	Total 3 224

Dans cet exemple, les capitaux nécessaires pour le fonctionnement de cette entreprise sont de 3 224 dont les 2/3 liés aux BFR, c'est-à-dire aux conditions commerciales et industrielles, et 1/3 lié aux besoins d'investissements. Mais le financement est assuré à 80 % par les créanciers et 20 % uniquement par les associés.

La question principale est de savoir s'il est rentable d'investir 3 224 dans cette entreprise. Toute question de rentabilité se ramène au rendement que l'on attend de sommes immobilisées. Dans l'entreprise, le rendement des actifs immobilisés et du BFR doit être suffisamment intéressant pour que les créanciers et/ou actionnaires acceptent d'y « mettre de l'argent ».

2. La rentabilité des capitaux investis ou de l'actif économique

La rentabilité économique ou la rentabilité des capitaux investis ou en anglais ROCE (*Return On Capital Employed*) se calcule par le ratio :

Résultat d'exploitation/Actif économique

La rentabilité économique peut se calculer avant ou après impôt sur les bénéfices (IS) le ratio devient :

Résultat d'exploitation (1– taux de l'IS)/Actif économique

Aujourd'hui, on a tendance à utiliser la deuxième méthode qui est favorisée dans les milieux anglo-saxons. Elle paraît plus pertinente, car le résultat d'exploitation n'est pas acquis par l'entreprise sans que l'État ne perçoive sa rétribution sous forme d'IS.

Mais quelle que soit la méthode choisie, il est très important de l'utiliser de façon constante afin de pouvoir comparer les performances des entreprises entre elles et de comparer les évolutions dans le temps.

La rentabilité économique exprime donc bien le rendement que procurent les différents actifs de l'entreprise. Ce rendement va dépendre de la nature des actifs engagés et du résultat d'exploitation.

– La nature des actifs engagés : dans les capitaux employés, nous avons vu qu'il y avait des immobilisations et du BFR. Quel est le rendement d'un siège social ? Quel est le rendement des matériels de bureau ? Quel est le rendement des BFR ? Tous ces éléments ne dégagent pas de rentabilité de façon directe mais ils sont pourtant inclus dans notre calcul. Le rendement se concentre donc sur certains actifs qui produisent et qui doivent être suffisamment productifs pour couvrir tous les autres investissements non productifs. On calcule souvent la rentabilité des investissements productifs (ROI, *Return on investment*) qui s'attache donc à mesurer le rendement des investissements qui concourent directement au profit. Ce rendement doit être très largement supérieur à la rentabilité économique.

– Le résultat d'exploitation est le résultat de la mise en œuvre de tous les paramètres pour produire et pour vendre. Ce résultat d'exploitation est le point de départ des calculs de rentabilité.

On peut décomposer le ratio Résultat d'exploitation/Actif économique en deux autres ratios : une marge (comment être profitable) et un taux de rotation (comment investir pour réaliser 1 € de chiffre d'affaires).

$$\frac{\text{Résultat d'exploitation} \times (1-\text{taux IS})}{\text{Actif économique}} =$$

$$\frac{\text{Résultat d'exploitation} \times (1-\text{taux IS})}{\text{Chiffre d'affaires}} \times \frac{\text{Chiffre d'affaires}}{\text{Actif économique}}$$

Le Résultat d'exploitation X (1– taux IS)/Chiffre d'affaires est la marge d'exploitation dégagée par l'entreprise. Elle augmente avec :

– une hausse des prix de vente et/ou une augmentation maîtrisée des volumes. L'innovation et le positionnement sur des niches permettent d'augmenter les prix, mais cette augmentation est limitée par l'effet de la conjoncture, des comportements des concurrents et des conditions du marché en général.

– l'augmentation des quantités vendues grâce à un meilleur positionnement, une croissance externe, distribution…

– la maîtrise des charges d'exploitation en général : prix d'achat en baisse, utilisation optimale des outils de production (coûts fixes et coûts variables), courbe d'expérience et de la productivité croissante du personnel, etc. Également maîtrise du procédé industriel, surveillance des dépenses et changement de fournisseurs, meilleure négociation des tarifs, budgétisation des dépenses et surveillance des écarts, délocalisation, etc.

Le Chiffre d'affaires/Capitaux investis exprime la rotation des capitaux investis, ou encore le volume d'activité que l'entreprise réalise pour 1 € investi. Il représente l'inverse de l'intensité capitalistique. Ainsi une forte intensité capitalistique, pénalise la rentabilité économique toute chose égale par ailleurs.

La rotation des capitaux investis dépend très fortement du secteur d'activité dans lequel on se trouve.

Exemple 1 : Carrefour

Si nous prenons le cas de Carrefour en 2006 d'après les comptes consolidés publiés.

	Résultat opérationnel net	Chiffre d'affaires	Capitaux investis
Carrefour	2 180	77 901	19 000
Rentabilité économique	11,5 %		

Cette rentabilité économique peut se décomposer en :

Résultat d'exploitation net/CA	2,8 %	X	CA/ Capitaux investis	4	=	11,50 %

C'est-à-dire une faible profitabilité mais peu de besoins en capitaux investis par rapport au chiffre d'affaires.

Exemple 2 : Michelin

	Résultat opérationnel net	Chiffre d'affaires	Capitaux investis
Michelin	745	16 384	11 000
Rentabilité économique	6,8 %		

La rentabilité économique peut se décomposer ainsi :

Résultat net/CA	4,5 %	X	CA/ Capitaux investis	1,5	=	6,8 %

La profitabilité est plus forte que chez Carrefour, mais les capitaux investis sont beaucoup plus importants, ce qui rend plus difficile un haut niveau de rentabilité économique.

La rentabilité économique peut donc résulter soit de fortes marges soit de fortes rotations d'actifs

Exemple 3

Les entreprises A et B exercent le même métier, elles réalisent des volumes d'activités identiques, ci-joint leurs bilans et comptes de résultat résumés :

– Bilan résumé Entreprise A

Actif économique		Capitaux investis	
Immobilisations en valeur nette	500	Capitaux propres	700
BFR	1 000	Dettes financières nettes	800
Total	**1 500**	**Total**	**1 500**

– Résultat résumé Entreprise A

Chiffre d'affaires	6 000
Achats et charges externes	3 500
Salaires et charges sociales	2 100
Dotations aux amortissements	130
Résultat d'exploitation	**270**
IS sur le résultat d'exploitation	90
Résultat d'exploitation après IS	**180**

– Bilan résumé Entreprise B

Actif économique		Capitaux investis	
Immobilisations en valeur nette	200	Capitaux propres	300
BFR	450	Dettes financières nettes	350
Total	**650**	**Total**	**650**

Résultat résumé Entreprise B

Chiffre d'affaires	6 000
Achats et charges externes	4 740
Salaires et charges sociales	1 100
Dotations aux amortissements	43
Résultat d'exploitation	**117**
IS sur le résultat d'exploitation	39
Résultat d'exploitation après IS	**78**

La marge d'exploitation : **Résultat d'exploitation après IS/CA** de l'entreprise A est = 3 %, de l'entreprise B est = 1 %. Si l'on se contente de cette première impression on en déduit que A est plus performante que B.

Or si l'on fait la comparaison suivante :

	Entreprise A	Entreprise B
Résultat d'exploitation/CA	3 %	1,3 %
Chiffre d'affaires/actif économique	4 %	9,2 %
Résultat d'exploitation/actif économique	12 %	12 %

Il en résulte que A et B ont la même rentabilité économique : « A », qui réalise une meilleure marge, a davantage intégré sa production, ce qui a nécessité des capitaux plus importants à la fois pour produire (des immobilisations) et pour fonctionner au quotidien dans le cadre de son cycle d'exploitation (des BFR). « B » qui sous-traite une partie de sa production n'a besoin que de peu de capitaux investis pour réaliser les 6 000 de chiffre d'affaires.

Que signifie la rentabilité économique ?

Ce ratio calculé pour une entreprise et comparé à celui de ses concurrents permet une meilleure lecture des performances économiques. C'est une synthèse globale de la rentabilité indépendamment des modalités de financement puisque :

– l'arbitrage entre capitaux propres et dettes n'est pas pris en compte dans le calcul du ratio ;

– le coût de la dette n'a pas d'incidence sur la valeur du ratio.

Ce ratio permet de tester la cohérence entre la rentabilité et les efforts d'investissements.

Cependant, ce ratio peut cacher un certain nombre d'interrogations

Même si l'on peut conclure que la rentabilité économique actuelle des entreprises A et B est identique, il faut compléter ce jugement par une analyse du métier et des risques futurs. Deux questions s'imposent :

– Question 1 : est-ce que l'entreprise A, en ayant des investissements plus lourds, a sécurisé plus que B sa position sur le marché, et ses sources d'approvisionnement, en somme, est-ce que la lourdeur de ses investissements protège A des nouveaux entrants sur le marché ?

– Question 2 : est-ce que le marché de nos deux entreprises est très volatil ? Si oui, A est plus rigide et plus risquée que B.

En somme, le niveau du ratio doit être jugé en fonction des risques attendus et prévisibles liés au métier et à l'environnement de l'entreprise analysée.

3. Les leviers d'action

Dans beaucoup d'entreprises, l'objectif d'améliorer ou d'atteindre un certain niveau de rentabilité économique est la grande priorité. Le ratio exprime en synthèse la rentabilité d'exploitation, et donc la performance d'une entreprise et l'efficacité de l'équipe de gestion compte tenu des contraintes ou des opportunités environnantes.

Ces entreprises :

– savent que les partenaires externes, notamment les associés ou futurs investisseurs, regardent attentivement l'évolution de ce ratio de synthèse et le comparent à celui des concurrents ;

– peuvent utiliser ce ratio comme fil conducteur pour fixer des objectifs détaillés aux différentes unités de gestion et les différentes responsabilités dans l'entreprise.

Les principaux leviers peuvent se résumer dans l'arbre ci-dessous :

– contrôler ses marges par le chiffre d'affaires et les coûts ;
– s'assurer de la rentabilité des actifs de production ;
– minimiser tous les actifs dits improductifs ;
– contrôler le BFR.

Figure 11.1 Schéma synthétique des différents leviers d'amélioration de la rentabilité économique

Ce type de schéma permet d'alimenter le tableau de bord avec des indicateurs qui assurent une cohérence entre les différents niveaux décisionnels dans l'entreprise.

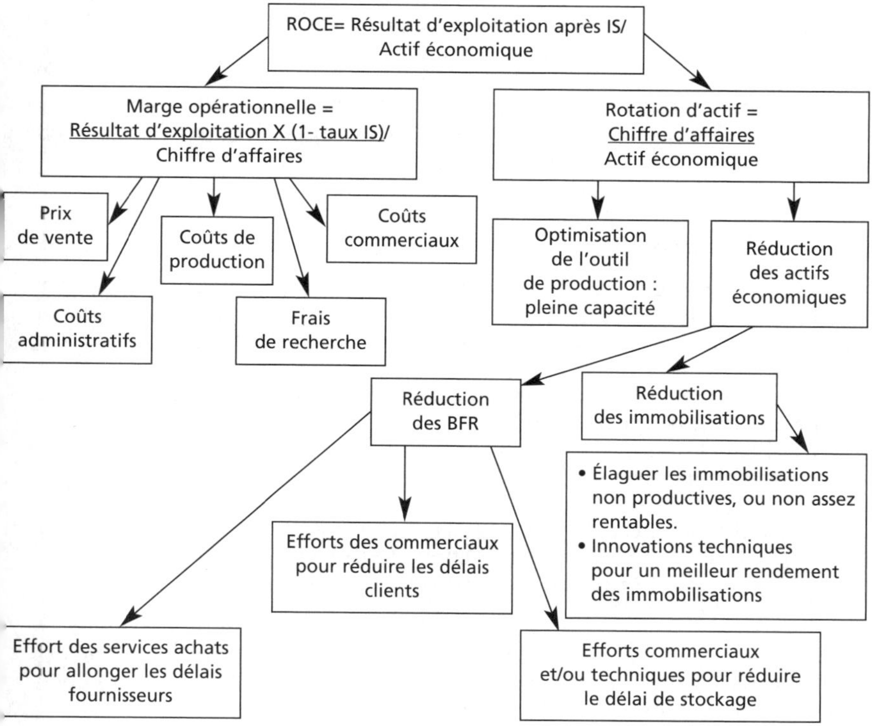

Le rôle de la direction générale est de faire les arbitrages et les négociations avec les différents acteurs pour vérifier à chaque fois la faisabilité et les limites des différents leviers. L'obsession de la rentabilité économique peut être contre productive si elle empêche l'entreprise d'avoir une vision à long terme. Ainsi, se défaire de tous ses actifs peut permettre d'accroître très fortement la rentabilité économique mais peut être destructeur de valeur à terme.

A. Cas des délocalisations

Une délocalisation peut s'accompagner d'une réduction des charges de personnel et/ou des autres charges telles que les charges liées à la protection de l'environnement, au respect des contraintes juridiques liées à la production (contraintes qui peuvent être allégées ou inexistantes dans certains pays). Mais une délocalisation peut s'accompagner aussi de lourdeurs dans d'autres charges : frais de transport, contrôle qualité, pénalités liées aux retards de livraisons, etc.

Mais si dans l'ensemble l'économie faite sur les coûts dépasse le surcoût occasionné par l'éloignement, le ratio de rentabilité économique augmente mécaniquement. En revanche, le devoir de l'entreprise, et de l'analyste financier qui regarde la rentabilité, est de s'assurer de la pérennité de la situation et de prendre en considération d'autres éléments qui peuvent affecter ce ratio dans l'avenir : risque de malfaçon, baisse de qualité, risques politiques, etc. Des considérations non financières peuvent faire partie d'arbitrages à faire (questions éthiques, morales, sociales, etc.).

B. Cas de la recherche

Ne plus faire ou faire baisser la recherche a un effet mécanique sur la rentabilité économique à court terme. Mais il faut analyser l'incidence à moyen terme. En investissant dans la recherche, l'entreprise peut espérer à moyen ou long terme :

– améliorer le produit et l'image auprès des clients et éventuellement pouvoir augmenter le prix de vente ;
– réduire les coûts ;
– assurer une stabilité de sa part de marché ;
– et donc augmenter sa rentabilité économique à moyen terme.

Quand le ROCE est suffisamment élevé, il permet de rémunérer les capitaux utilisés pour le financement. L'écart entre le ROCE et le coût des capitaux utilisés, s'il est positif, correspond à une création de valeur.

12

La rentabilité financière

1. Approche théorique

Nous allons distinguer une approche dite « théorique » de la rentabilité financière qui part des résultats financiers de l'entreprise et qui, à l'aide de ratios vérifie selon des critères « objectifs » si l'entreprise est rentable financièrement et si sa structure de haut de bilan est bonne. Comme cette approche peut être considérée comme uniquement tournée vers le passé et ne prenant pas suffisamment en compte les attentes des actionnaires et d'autres partenaires de l'entreprise, nous verrons par la suite comment cette rentabilité peut être jugée du point de vue de l'actionnaire et des créanciers.

A. Le ratio de rentabilité financière

La rentabilité financière mesure le rendement des capitaux propres de l'entreprise dans l'exercice. Comme dans tous calculs de rentabilité, il s'agit de comparer un résultat à un élément de bilan. Ici l'on recherche la rentabilité des capitaux propres et la donnée la plus pertinente est le résultat net. Le résultat net est le résultat des actionnaires, celui qui peut être redistribué ou mis en réserves ou les deux. Ce résultat est à mettre en rapport avec les capitaux propres qui sont des capitaux, soit apportés lors des différentes augmentations de capital par les actionnaires, soit laissés par ces derniers dans les réserves. Dans tous les cas, les capitaux propres correspondent à des sommes investies par les actionnaires.

La rentabilité financière mesure le rapport entre le résultat net de l'exercice et les capitaux laissés dans l'entreprise.

Rentabilité financière = **Résultat net/Capitaux propres**

On attend de la rentabilité financière qu'elle soit supérieure à un rendement de « père de famille » comme celui des obligations d'État car l'actionnaire prend un risque, celui de non-récupération des sommes investies.

L'évolution de ce ratio peut prendre différentes formes :

Tableau 12.1

Augmentation de capital	À résultat net constant en % de chiffre d'affaires, la rentabilité financière baisse
Baisse du résultat net	À capitaux propres constants, baisse de la rentabilité financière
Forte distribution de dividendes en n-1	À résultat net constant en % de chiffre d'affaires, la rentabilité financière augmente
Réduction de capital	À résultat net constant en % de chiffre d'affaires, la rentabilité financière augmente
Hausse du résultat net	À capitaux propres constants, hausse de la rentabilité financière

B. Effet de levier

La rentabilité des capitaux propres dépend donc, comme nous venons de le voir, du résultat net et du niveau des capitaux propres. Plus le premier est élevé et plus les seconds sont bas et meilleure est la rentabilité financière puisque peu de capitaux rapportent beaucoup.

Mais l'entreprise en général a besoin de capitaux propres et de capitaux empruntés pour fonctionner. Elle devra donc arbitrer entre ces deux ressources et rechercher le meilleur rendement financier tout en rassurant ses financeurs avec un montant de capitaux propres suffisants. Elle va donc se servir du levier de la dette pour maximiser sa rentabilité financière. L'effet de levier se mesure donc avec le ratio suivant : endettement net/capitaux propres.

Jouer de l'effet de levier revient à favoriser l'endettement plutôt que les capitaux propres. L'effet de levier peut s'avérer positif ou négatif. Il faut veiller à garder un bon équilibre entre les capitaux propres et la dette car la lourdeur de l'endettement :

– génère des charges financières dont le poids vient trop amputer le résultat d'exploitation et altérer ainsi de façon significative le résultat net ;

– peut s'avérer très risquée car elle dégrade les ratios d'équilibre financier au bilan.

Exemple FABER 1re partie

L'entreprise FABER, en création, a deux options pour financer son investissement de départ de 1 M€ : soit un emprunt à hauteur de 40 % (soit 400 000 €) au taux de 5 % et le reste en capital (600 000 €), soit un apport en capital de 1 M€. Sachant que sa rentabilité économique avant impôt est de 12 %, que le taux d'imposition est de 33,1/3 et que l'investissement est réalisé en début d'année.

Nous avons vu ci-dessus que la rentabilité économique se mesurait par le résultat économique/les capitaux investis. Dans notre exemple, le résultat économique est donc de 120 000 €.

	Financement à 40 % par dettes	**Financement 100 % par capitaux propres**
Résultat d'exploitation	120 000	120 000
Charges financières	20 000	0
Résultat avant impôts	100 000	120 000
Impôts	33 330	39 996
Résultat net	66 670	80 004
Rentabilité financière	**11 %**	**8 %**

Dans notre exemple, nous voyons bien que la rentabilité financière sera plus élevée si l'apport en capitaux propres est faible.

Exemple FABER 2e partie

À la place d'une rentabilité économique de 12 %, considérons que la rentabilité économique est de 3 %. Nous obtenons les résultats suivants :

	Financement à 40 % par dettes	**Financement 100 % par capitaux propres**
Résultat d'exploitation	30 000	30 000
Charges financières	20 000	0
Résultat avant impôts	10 000	30 000
Impôts	3 333	9 999
Résultat net	6 667	20 001
Rentabilité financière	**6 667/600 000 = 1,1 %**	**20 001/1 000 000 = 2 %**

Dans cet exemple, la rentabilité financière est meilleure si le financement se fait par capitaux propres car le résultat d'exploitation est très faible pour supporter les charges financières. Nous pourrions exagérer encore le propos et prendre l'hypothèse que les taux d'intérêts montent et que le financement par dette se fait à 8 %.

Nous obtiendrions alors :

Exemple FABER 3e partie

	Financement à 40 % par dettes	**Financement 100 % par capitaux propres**
Résultat d'exploitation	30 000	30 000
Charges financières	32 000	0
Résultat avant impôts	– 2 000	30 000
Impôts	– 667	9 999
Résultat net	– 1 333	20 001
Rentabilité financière*	**– 1 333/600 000 = – 0,22 %**	**20 001/1 000 000 = 2 %**

À travers ces différents exemples, nous constatons donc que la rentabilité financière dépend de différents facteurs :

– le rapport endettement/capitaux propres ;

– le niveau de rentabilité économique, c'est-à-dire du rendement de l'investissement ;

– le niveau des intérêts financiers.

Pour que l'effet de levier soit positif, il faut préférer s'endetter mais à condition que la rentabilité économique soit supérieure au coût financier. Si l'on s'endette et que la rentabilité économique chute et/ou que les taux d'intérêts augmentent l'effet de levier devient négatif. On peut parler « d'effet de massue ». L'effet de levier peut donc se mesurer par la formule suivante : (endettement net / capitaux propres) × (rentabilité économique nette d'impôts – coût de l'endettement net d'impôts).

La rentabilité financière est le résultat de la rentabilité économique nette d'impôts et de l'effet de levier :

rentabilité financière = rentabilité économique nette + effet de levier.

Vérification de la formule sur nos différents exemples :

Exemple N° 1

	Financement à 40 % par dettes	**Financement par capitaux propres**
Résultat d'exploitation	120 000	120 000
Charges financières	20 000	0
Résultat avant impôts	100 000	120 000
Impôts	33 330	39 996
Résultat net	66 670	80 004
Rentabilité financière*	**66 670/600 000 = 11 %**	**80 004/1 000 000 = 8 %**
Capitaux propres	600 000	1 000 000
Endettement	400 000	0
Endettement/CP	67 %	0
Rentabilité économique nette d'impôt	8 %	8 %
Coût de la dette nette	3 %	
Effet de levier	**3 %**	**0 %**
Rentabilité financière	**11 %**	**8 %**
Rentabilité financière	3 % + 8 %	0 % + 8 %

Exemple N° 2

	Financement à 40 % par dettes	**Financement par capitaux propres**
Résultat d'exploitation	30 000	30 000
Charges financières	20 000	0
Résultat avant impôts	10 000	30 000
Impôts	3 333	9 999
Résultat net	6 667	20 001
Rentabilité financière*	**6 6670/600 000 = 1,1 %**	**20 001/1 000 000 = 2 %**
Capitaux propres	600 000	1 000 000
Endettement	400 000	0
Endettement/CP	67 %	0
Rentabilité économique nette	2 %	2 %
Coût de la dette nette	3 %	
Effet de levier	**– 1 %**	**0 %**
Rentabilité financière	**1 %**	**2 %**
Rentabilité financière	+ 2 % – 1 %	0 + 2 %

L'analyse de la rentabilité financière doit donc se faire à partir des ratios sur l'existant mais aussi en envisageant les risques potentiels d'éventuelle baisse de la rentabilité économique des actifs et/ou de l'élévation du niveau des frais financiers. La politique d'endettement d'une entreprise s'analyse à son effet de levier surtout lorsque l'on est investisseur en fonds propres, en particulier en capital-risque. Les données prévisionnelles deviennent alors les éléments de base de la réflexion.

En règle générale, si les prévisions de rentabilité sont bonnes et les probabilités de réalisation assez fortes, il est possible de profiter largement de l'effet de levier de la dette. Mais, de toute façon, il est plus raisonnable de garder des marges de manœuvre et des solutions d'urgence en cas de dérapage de la rentabilité et dès les premiers signes d'écarts entre le prévisionnel et le réel.

2. La rentabilité vue des actionnaires

A. Rendement attendu

Les attentes en terme de rentabilité financière peuvent être différentes selon les différents financeurs. Les banquiers vont surtout s'attacher à la rentabilité économique. La rentabilité financière est pour eux un indicateur positif mais il peut indiquer que l'entreprise est sous capitalisée et que les risques sont principalement pris par eux. Pour les actionnaires, ce ratio est en revanche très important car il permet de mesurer si leur investissement est rentable. Les actionnaires peuvent être de différents types :

– Les actionnaires dirigeants vont surtout chercher à développer leur entreprise et s'attacheront surtout à la rentabilité économique sans toutefois négliger totalement la rentabilité financière.

– Les actionnaires investisseurs vont chercher surtout la rentabilité financière de leur investissement. La rentabilité économique n'est alors que la condition nécessaire à une bonne rentabilité financière.

– Entre les deux comportements, certains actionnaires vont avoir une vision à très court terme et vont donc s'attacher à la rentabilité financière de l'année et aux dividendes quand d'autres vont avoir une vision à plus long terme et raisonner non seulement en dividendes mais aussi en plus-value de réalisation de l'action.

Le rendement attendu des actionnaires est donc difficile à déterminer. Le réflexe de base est d'attendre d'une action qu'elle rapporte plus qu'un placement non risqué. Le risque peut être évalué selon les secteurs et selon le risque propre de l'entreprise (de + 6 points pour une entreprise peu risquée à des marges à 2 chiffres pour des entreprises à risques). Plus le risque est élevé et plus le rendement attendu est important.

C'est à partir de cette attente en termes de rendement que les actionnaires vont considérer que l'entreprise répond à leurs attentes ou non et qu'ils peuvent s'y intéresser ou s'en désintéresser, voire faire des pressions sur les dirigeants pour qu'ils mènent toutes les politiques nécessaires à la réalisation de la rentabilité attendue (la pression peut se traduire par l'abandon d'une activité jugée pas assez rentable, la délocalisation, l'externalisation de certaines tâches.).

Ainsi, l'on entend fréquemment des actionnaires dire qu'ils attendent de leurs actions un rendement de 15 % par an sur 3 ans. Cela signifie que s'ils ne l'obtiennent pas, ils vont se détourner de cet investissement. Les rendements sont nécessairement différents d'un secteur à l'autre, d'une entreprise à l'autre.

B. Création de valeur

L'entreprise va créer de la valeur lorsque sa rentabilité économique, c'est-à-dire la rentabilité de ses investissements et de son BFR, sera supérieure au coût des capitaux nécessaires au financement de ces actifs.

Ainsi, si l'entreprise a 1 M€ de capitaux investis qui lui rapporte 10 %, elle sera en création de valeur si le coût de ses ressources (capitaux propres et dettes) est inférieur à 10 %. Cette notion de création de valeur dépend donc du coût des ressources qui lui-même dépend du rendement attendu des actionnaires sur les capitaux propres et du coût des financements.

Dans l'entreprise RICCHI, la rentabilité économique est de 10 %. Les actionnaires attendent un rendement de 15 %, il n'y a pas de dettes financières. Le coût des ressources est donc de 15 % égal au rendement attendu. L'entreprise RICCHI ne crée pas de valeur, car sa rentabilité économique ne permet pas de satisfaire les actionnaires.

Pour optimiser le rendement, il faudrait que le coût des ressources diminue et donc faire jouer l'effet de levier. Si les ressources se décomposent en 50 % de capitaux propres et 50 % de dettes à 5 %, le coût des ressources est donc de 10 % – soit un coût de capitaux propres de 15 %/2 et un coût des dettes de 5 %/2 – et l'entreprise ne crée pas de valeur. Elle fait simplement l'équilibre entre sa rentabilité économique et son coût de ressources.

Pour optimiser la création de valeur, il est alors nécessaire de jouer sur d'autres paramètres :

- augmenter la rentabilité économique ;
- augmenter l'endettement ;
- faire baisser le coût de la dette.

Cette notion de création de valeur est intéressante et utilisée dans les entreprises pour stimuler ses différents acteurs, mais elle repose sur une approche très financière et peut donc à ce titre conduire à des choix à court terme plus rémunérateurs que des choix à long terme.

Exemple de création de valeur chez Accor

Accor	2004	2005	2006
Coût des fonds propres	8,53 %	7,57 %	7,71 %
Coût de la dette après impôts	3,40 %	3,30 %	3,33 %

Pondération Fonds propres/dettes d'Accor	2004	2005	2006
Fonds propres	58,36 %	75,58 %	89,88 %
Dettes	41,64 %	24,42 %	10,12 %
Coût moyen pondéré du capital	6,39 %	6,53 %	7,26 %
ROCE après impôts	8,09 %	8,62 %	9,41 %
Capitaux employés	10 883	11 291	10 807
Création de valeur économique	184	236	232

Le coût des capitaux propres retenu par le Groupe correspond au taux sans risque des OAT à 10 ans, au taux de risque marché et à un coefficient β de 1, c'est-à-dire que l'action n'est pas plus risquée que le marché. Le coût moyen du capital augmente en 2006 car les capitaux propres ont une forte pondération dans le total des capitaux investis. Le ROCE étant de 9,41 % et le coût moyen des capitaux de 7,26 %, Accor crée 2,15 % de valeur par rapport à ses capitaux investis.

PEUT-ON APPLIQUER LA CRÉATION DE VALEUR AUX PME ?

La création de valeur est surtout applicable aux sociétés cotées pour lesquelles le rendement attendu des actionnaires est connu ou facilement évaluable.

Pour les PME non cotées, la création de valeur a tout son sens, mais le calcul du coût moyen pondéré du capital n'est pas facile à déterminer. Souvent, le rendement attendu n'est pas explicite et le dirigeant a des motivations qui ne sont pas uniquement financières mais plutôt économiques. Le dirigeant de PME s'attachera plus à un ratio tel que le ROCE plutôt qu'à la création de valeur au sens ou nous l'avons ci-dessus définie.

3. La rentabilité vue des créanciers

Les créanciers de l'entreprise doivent analyser sa rentabilité sous des angles multiples. Comme les autres partenaires, ils s'intéresseront aux marges et à la rentabilité économique pour détecter les points faibles et anticiper les difficultés prévisibles, et les points forts pour mesurer les atouts de l'entreprise.

Mais ils s'intéressent particulièrement à la capacité de l'entreprise à faire face à sa dette : les rembourser au bon moment et assumer les intérêts. Ils mesureront cette capacité à travers une série de ratios. Nous présenterons ci-dessous les ratios les plus courants.

Les créanciers de l'entreprise sont multiples, ils n'ont pas tous les mêmes contraintes, les mêmes intérêts, ni les mêmes droits d'accès à l'information :

– D'un côté, les banques et financiers assimilés, qui sont spécialistes de la finance, possèdent le savoir-faire et ont la possibilité de demander à l'entreprise des informations spécifiques qui ne figurent pas dans les comptes. Ils ont en même temps accès à des informations émanant d'autres partenaires tels que la Banque de France. Ils ont aussi une visibilité qui leur est propre sur la santé de l'entreprise et les mouvements d'achats, de ventes, de crise de trésorerie, etc. à travers le fonctionnement des comptes courants de l'entreprise chez eux.

– D'un autre côté, les fournisseurs, les clients – lorsqu'ils versent des avances sur commande –, l'Administration fiscale, les organismes sociaux, etc. n'ont pas les mêmes droits ni les mêmes opportunités mais ils n'ont pas non plus les mêmes risques puisque leurs créances sont en général à court terme. Pour les fournisseurs et les clients, l'enjeu peut être plus important que la mesure de la capacité de l'entreprise à rembourser la dette : ils s'intéressent souvent à la pérennité de l'entreprise, la sécurité des débouchés commerciaux, la sécurité des services après-vente, et en général la continuité de la relation.

Les entreprises qui font appel à l'épargne publique doivent demander à une agence de notation de faire une analyse complète et leur donner une note. L'agence de notation procède à une analyse qui ressemble à celle du banquier mais pour le compte des divers créanciers.

Nous aborderons les ratios les plus utilisés dans les milieux financiers : par les banques et les agences de notation.

A. Ratios de cohérence entre la rentabilité et le coût de la dette

Le ratio : $\dfrac{\textbf{Charges financières}}{\textbf{EBE ou Charges financières/EBITDA}}$

L'excédent brut d'exploitation mesure la marge réalisée par l'activité avant incidence des choix d'investissement qui vont se traduire par des amortissements plus ou moins élevés, avant incidence du financement et avant éléments exceptionnels. (Voir chapitre 7.)

Avec cette marge, et en dehors des événements exceptionnels, l'entreprise doit donc encore couvrir le coût d'utilisation des outils de production, représenté par la dotation aux amortissements, et le coût de la dette, exprimé par les charges financières, et enfin garder assez de marge pour couvrir les coûts des capitaux propres.

Mais la rémunération de la dette a un aspect juridique qui la rend prioritaire et plus urgente que le tout le reste. Par expérience, le niveau des charges financières convenables par rapport à l'EBE se situe aux alentour de 10 %, mais jusqu'à 30 %, elle reste acceptable.

B. Ratios de capacité de remboursement

Quand une entreprise emprunte à court terme, elle le fait en général pour combler un besoin de trésorerie lié aux délais de règlement clients ou aux besoins de financement des stocks. Dans ce cadre strict, le remboursement de la dette peut avoir lieu spontanément quand le stock est vendu et quand le client rembourse sa créance. Pour tout autre endettement à court, moyen ou long terme, le remboursement de la dette se fait par les revenus dégagés par l'entreprise.

Traditionnellement, les banques prenaient comme revenu de référence la capacité d'autofinancement (CAF) pour la comparer aux niveaux des dettes à long et moyen terme à travers le ratio : dettes à long et moyen terme/CAF. Ce ratio doit rester inférieur à 3 pour considérer que la capacité de remboursement est à un niveau acceptable.

Attention à l'interprétation de ce ratio : il ne s'agit pas de considérer que réellement une entreprise a la possibilité de rembourser sa dette en 3 ans, mais c'est un niveau global de cohérence qui est recherché. D'un côté, la dette peut avoir une durée réelle supérieure à 3 ans (5 ou 6 ans ou plus). D'un autre côté, la CAF représente une ressource interne secrétée par l'entreprise, et non pas un flux réel de trésorerie, cette comparaison reste très théorique.

Aujourd'hui, les statistiques et l'évolution de la théorie financière, ont montré que le ratio dettes financières nettes/flux de trésorerie lié à l'activité (ou *cash flow* opérationnel) est nettement plus représentatif de la capacité d'une entreprise à faire face à ses dettes. Ce ratio prend en compte le flux de trésorerie réel dégagé par l'exploitation et permet une comparaison concrète à la dette.

Il peut être complété par un ratio encore plus concret : *Free cash flow*/Service de la dette. Ce ratio doit rester supérieur à 1. Le *free cash flow*, se calcule à partir du *cash flow* opérationnel ou flux de trésorerie lié à l'activité moins les investissements nets de l'année (les acquisitions d'immobilisations nettes des cessions). Ce flux étant libéré des contraintes et besoins d'investissement dans l'entreprise, il a pour mission prioritaire de rembourser la dette et ensuite payer des dividendes ou faire des placements financiers. Le service de la dette est la somme des tranches remboursées de la dette sur l'année à laquelle s'ajoutent les charges financières de l'année.

C. Les enjeux des ratios d'endettement : les covenants des contrats de crédit

L'ensemble de ces ratios et ceux évoqués au chapitre 5 concernant la solvabilité et l'endettement, sont calculés sur le passé, or la structure financière, aussi bien que la rentabilité évoluent à tout moment. L'entreprise peut juste après avoir obtenu un crédit détériorer l'ensemble de ces ratios en prenant un nouveau crédit. La rentabilité et le volume des capitaux propres peuvent se dégrader à cause d'une erreur de gestion, d'une dégradation des conditions d'exploitation, d'une modification sur le marché, par exemple.

Pour s'assurer d'un minimum de continuité, les contrats de prêt comportent de plus en plus des clauses appelées « covenants ». Par ces « covenants », l'entreprise s'engage à surveiller le niveau des ratios d'endettement et de capacité de remboursement afin qu'ils ne dépassent pas un certain seuil jugé convenable par les créanciers.

Les covenants financiers que l'on trouve souvent dans les contrats de prêt bancaire :
***Free cash flow*/service de la dette** : niveau supérieur à 1 **Dettes financières nettes/flux de trésorerie liés à l'activité** : niveau inférieur à 3 **Dettes financières nettes/ressources propres** : niveau inférieur à 2…

Les techniques d'habillage du bilan ou « *Window dressing* »

Comme les comptes sont présentés aux partenaires externes d'une entreprise une fois par an (l'obligation légale). L'entreprise peut choisir la date de clôture de l'exercice. Cette date peut être le 31-12 de l'année ou bien n'importe quelle date choisie par les dirigeants.

En général, les dirigeants choisissent la date de clôture qui fait apparaître les meilleurs ratios d'endettement et un niveau des BFR faible. Ils peuvent aussi quelle que soit la date de clôture s'arranger pour modifier le niveau des stocks ou des créances client juste pour quelques jours en fin d'année comptable : il est courant de faire porter le stock à ses partenaires pour quelques jours, ou accorder uniquement pour la fin d'année comptable des escomptes de règlement aux clients, ou retarder les paiements des achats, des taxes et différentes charges, faire de l'affacturage ou de l'escompte sans recours… toutes ces techniques permettent de montrer un niveau d'endettement financier de fin d'année raisonnable, mais qui ne reflète pas le niveau de l'endettement moyen de la période.

Pour cette raison, il est de coutume de calculer un ratio spécifique supplémentaire qu'on appelle taux d'endettement apparent : charges financières/dettes financières totales ou résultat financier/dette financière nette. Les charges financières au numérateur correspondent au coût réel de la dette tout au long de l'année alors que les dettes au dénominateur sont les dettes qui restent à payer en fin d'année. Si le ratio est très élevé par rapport à un taux d'endettement normal de l'entreprise, on considère que la dette moyenne de l'année est supérieure à la dette du bilan.

Une entreprise qui ne dégage pas assez de résultat ni assez de flux de trésorerie liés à l'activité peut-elle faire face à sa dette ?

L'EBE et le flux de trésorerie lié à l'activité sont les ressources principales qui permettent à une entreprise de rembourser sa dette. Cependant, au cours de sa vie, une entreprise peut passer par une crise qui perturbe le déroulement normal et qui l'oblige à trouver d'autres solutions pour rembourser les dettes tel que l'augmentation du capital ou la vente d'actifs.

Une entreprise qui a un ratio charges financières/EBE > à 30 %, peut-elle obtenir un crédit bancaire ?

Le niveau de ce ratio joue un rôle très important dans la note que la banque donne à une entreprise et par conséquence dans la décision de crédit. Mais plusieurs possibilités existent :

– la banque accorde un crédit à taux élevé en conséquence du risque pris. Attention, la limite de cette solution est le taux d'usure et la complexité juridique en France en ce qui concerne la responsabilisation des banque en cas de soutient abusif ;

– les autres indicateurs sont très bons et la dégradation de ce ratio est jugée ponctuelle, liée à un événement particulier et rattrapable ;

– l'existence d'une garantie réelle ou d'un engagement des associés, personnes physiques ou morales, d'assumer en cas de problème.

Partie 5

Synthèse méthodologique

13

Méthodologie du diagnostic financier

Le diagnostic financier peut répondre à des motivations très diverses comme : peut-on prêter à cette entreprise et si oui combien ? Peut-on lui vendre ou lui acheter ? Serait-elle intéressante pour faire une opération de croissance ? Serait-elle intéressante pour investir ? Les salariés peuvent aussi s'inquiéter de la santé de leur entreprise et de sa pérennité…

Les dirigeants doivent à tout moment faire un diagnostic pour voir plus clair et prendre les bonnes décisions, mais aussi ils doivent comprendre l'image que leur entreprise reflète aux différents partenaires externes.

Dans notre proposition méthodologique, nous ne nous attacherons pas à répondre à une démarche précise mais envisagerons tous les points qui, quel que soit le motif, doivent être analysés afin de comprendre le passé. L'étude du prévisionnel ne ressort pas de cet ouvrage, car les documents légaux disponibles sont trop succincts pour permettre de porter un regard suffisamment aiguisé. Nous n'en déduirons pas que le passé permet de prédire l'avenir mais qu'il est le point d'ancrage indispensable pour maîtriser au mieux le futur.

Faire le diagnostic financier d'une entreprise en suivant la méthodologie que nous allons exposer ci-dessous, permet à chacun des partenaires de trouver la réponse à ses questions, ou tout au moins permet à chacun de détecter les points forts et les points faibles de l'entreprise.

1. L'entreprise

Un bon diagnostic financier part de la connaissance de l'entreprise et de son environnement. L'analyste doit être capable de l'appréhender dans ses différentes dimensions : son marché, sa production, son organisation juridique, ses hommes…

Voici quelques questions dont les réponses paraissent indispensables à la bonne compréhension des documents financiers.

L'ENTREPRISE COMME ENTITÉ JURIDIQUE

– Quelle est la composition du capital ? Qui sont les actionnaires ? L'entreprise a-t-elle des filiales ? L'entreprise appartient-elle à un groupe ?
– Certains actionnaires détiennent-ils la minorité de blocage, la majorité simple ou absolue ? Quelles sont les probabilités de risques de conflits ?
– Les actionnaires préfèrent-ils laisser de l'argent en compte courant plutôt qu'en capital ?
– Quelle est la politique de distribution des dividendes ?

ASPECT COMMERCIAL

– Sur quel marché l'entreprise est-elle positionnée ? Ce marché est-il en croissance ?
– Quelle est sa part de marché ? Quelle est son image sur le marché ?
– Qui sont ses principaux concurrents ? Nationaux, internationaux ? A-t-elle des avantages concurrentiels ?
– Quels sont les différents produits vendus et leurs principales caractéristiques (produits finis, produits intermédiaires, produits vieillissants, produits innovants, produits à faible ou forte valeur ajoutée…) ?
– Quelle est l'évolution des volumes et/ou des prix ?
– Quelle est la durée des contrats de prestations ?
– Quelle est la part du chiffre d'affaires récurrent ?
– Quel est l'état du carnet de commande ?
– Comment s'effectue la distribution : directe, indirecte, filiales, succursales, agents… ?
– Qui sont les clients : délais de règlement, risques de difficultés de paiement ?

SES APPROVISIONNEMENTS ET SA PRODUCTION

– À qui l'entreprise achète-t-elle ? Diversité de ses fournisseurs, localisation, fréquence, délais de paiement…
– Qu'achète-t-elle ? Des matières premières, des produits intermédiaires, des marchandises, de la sous-traitance…
– Où se fait le stockage ? Rotation théorique du stock…
– Fait-elle tout par elle-même, quelle est la part de sous-traitance ?
– La production nécessite-t-elle des immobilisations corporelles, des incorporelles (brevet, licences…) ? Quelles sont les durées de vie des différents outils de production, existent-ils des coûts spécifiques (liés à l'environnement, à la réglementation…) ?
– Quelles sont les durées de fabrication ou de production pour les travaux intellectuels ?
– Quelles sont ses compétences techniques, ses savoir-faire spécifiques ?

SES RESSOURCES HUMAINES

– Quelle est l'organisation de l'entreprise ?
– Quelles sont les compétences particulières dont elle dispose (acheteur, vendeur, chercheur... Le nez dans la parfumerie...) ?
– Comment évoluent les effectifs ?
– Quels sont les rapports cadres/employés, hommes/femmes ?
– Quelle est l'importance des organismes de représentation sociale ?

AUTRES POINTS CARACTÉRISTIQUES

Voici quelques exemples de points spécifiques à certains métiers qui peuvent influencer l'interprétation des ratios de profitabilité :
– importance de la fonction achat (ex. : pour la distribution) ;
– importance des coûts de marketing (ex. : vente de jeux vidéo, télécom, cosmétiques...) ;
– importance de la R & D (pharmacie, chimie, biotechnologie...) ;
– nombre de jours facturables (prestations informatiques...).

Cette connaissance de l'entreprise doit permettre, avant de dépouiller les documents financiers, de se faire une idée relativement précise de ses conditions de fonctionnement, des menaces et des opportunités qui la guettent. Elle doit donner une idée des besoins en fonds de roulement de l'entreprise (cycle de d'exploitation important et coûteux ou non), une idée de l'intensité capitalistique (besoins de fortes immobilisations ou non) et donc des moyens que l'entreprise a dû mettre en œuvre.

2. Analyse de l'activité à travers le compte de résultat

Toutes les analyses doivent se faire sur trois exercices afin de pouvoir dégager des tendances. Elles se font donc en pourcentage d'évolution mais aussi en pourcentage de chiffre d'affaires afin de neutraliser l'impact des variations de ce dernier et vérifier si la structure des coûts et des marges reste la même. Il est très utile de comparer les ratios à ceux de la profession ou du secteur d'activité. Cependant ceci est souvent difficile à faire car, sauf à acquérir des études spécifiques, les renseignements sectoriels sont souvent insuffisants ou trop synthétiques pour faire de véritables comparaisons.

La méthode la plus simple pour analyser l'activité et qui permet de « ne rien oublier » consiste à suivre les soldes de gestion allant donc du chiffre d'affaires au résultat net.

À la fin de la démarche nous vous présenterons une autre méthodologie qui permet de raisonner en soldes de gestion et en flux. Elle est un peu plus complexe mais plus dynamique.

A. Le chiffre d'affaires (CA)

Le chiffre d'affaires étant le point de départ de nombreux raisonnements, il convient de l'analyser précisément pour déterminer :

- l'évolution du CA et de sa composition : négoce, production, services ;
- l'impact d'acquisition ou de cession d'entreprise qui change le périmètre ;
- l'impact d'un gros contrat, récurrent ou non récurrent ;
- son mix prix/produit (lorsque les éléments sont fournis pas l'entreprise).

B. Analyse de la profitabilité

Cette partie doit permettre de voir comment l'entreprise dégage des profits et s'ils sont suffisants pour les préteurs (banquiers, fournisseurs), pour les actionnaires (rémunération de leurs apports, pour l'entreprise elle même (capacité à s'autofinancer). Pour ce faire, nous serons particulièrement attentifs aux ratios suivants :

• **Évolution de la marge brute commerciale**
(pour les activités de négoce)

• **Évolution de la marge sur achats** (pour les activités de production)

Ces deux marges sont le point de départ des ratios de profitabilité, leur évolution favorable ou défavorable peut cacher un changement de mix, des tensions sur le marché, un impact de change si l'entreprise achète ou vend à l'étranger...

• **Évolution de l'EBE et sa part dans le chiffre d'affaires**

Ses variations peuvent provenir d'une évolution des marges vues ci-dessus et/ou de changements dans les charges externes : impact de la sous-traitance, intégration plus ou moins forte de la production loyers révisés, évolution des coûts de transport ou d'énergie, du marketing de la publicité, évolution des salaires. Notons qu'en cas de forte évolution du CA à la hausse comme à la baisse, le ratio EBE/CA est très sensible, il amplifie en général l'évolution puisqu'il est calculé après prise en compte de certaines charges fixes (ou semi-fixes) qui évoluent par pallier et non pas proportionnellement au CA. D'une manière générale, voici quelques questions qu'on se pose concernant l'analyse de l'EBE :

- Est-il comparable avec les entreprises de même secteur ?
- Est-il suffisant pour couvrir largement les charges financières (Charges financières/EBE < 30) ?

– Permet-il de faire face à des événements de gestion et à des risques qui peuvent être exceptionnels ou pas comme des pertes sur des stocks, sur des clients, des coûts de restructuration ?
– Permet-il de couvrir la dépréciation de l'outil de production et d'assurer à une entreprise des ressources suffisantes pour le renouvellement de l'outil ?

• **Évolution du résultat d'exploitation (REX) et sa part dans le chiffre d'affaires**

Son montant et son pourcentage permettent de mesurer la profitabilité économique de l'entreprise, c'est-à-dire sa capacité à être profitable avec ses éléments d'exploitation courants, après prise en compte des dotations pour dépréciations et provisions. Le résultat d'exploitation est le point de départ des calculs de rentabilité des investissements et des capitaux engagés. Il est le lien entre profit et rendement.

– Son évolution favorable ou défavorable est le résultat : de la hausse ou de la baisse des marges, des coûts maîtrisés ou non, des risques de pertes sur des stocks, clients, garanties de bonne fin... des amortissements importants ou non selon que l'on investisse ou pas.

– Est-il suffisant pour faire face aux coûts financiers et exceptionnels ?

– Quelles sont les marges de manœuvre par rapport aux concurrents ?

• **Évolution du résultat financier**

– Quel est le poids des charges financières, leur couverture par l'EBE est-elle suffisante ? Quel est leur poids par rapport au chiffre d'affaires (ratio limite 3 % du chiffre d'affaires). Les charges financières ne sont pas que des charges d'emprunt, voir aussi la part des pertes de change et des pertes définitives ou potentielles sur les valeurs mobilières de placement (placement financier à court terme).

– Faire la comparaison du niveau des charges financières et de l'en-cours de crédit figurant au bilan afin de vérifier la cohérence.

– Analyser la composante produits financiers : Importance des revenus des filiales. Dans certains cas ces revenus peuvent être considérés comme étant le résultat de l'activité (ex. : dividendes Nissan chez Renault).

• **Le résultat net**

– La rémunération des capitaux propres est-elle suffisante ?

– Les actionnaires peuvent-ils se rémunérer comme ils le souhaitent ?

– Le résultat net permet-il de contribuer suffisamment au renforcement des capitaux propres ?

– Les salariés ont-ils pu bénéficier de participation et/ou d'intéressement ?

• **La CAF**

– Comment est-elle constituée ? Part des dépréciations et du résultat net.

– A-t-elle été suffisante pour participer au financement des investissements de l'exercice ?

– En combien d'années de CAF peut-on théoriquement rembourser la totalité des crédits ?

C. Analyse de la structure

ANALYSE DE LA SOLVABILITÉ

La solvabilité permet de vérifier le risque pris par les tiers dans l'entreprise et *a contrario* l'implication des actionnaires. Elle part donc de l'analyse des équilibres du bilan.

• **Analyse des capitaux engagés**
Quels sont le poids des immobilisations et l'importance du BFR en valeur respective ? L'entreprise concentre-t-elle tous ses capitaux dans les actifs immobilisés (ex. : entreprise à forts investissements en machines ou en savoir-faire) ou bien dans son BFR (entreprise à cycle de production long, dépendante de ses clients...) et comment les capitaux évoluent-ils : politique d'investissement ou de désinvestissement, contrôle du BFR ou externalisation ?

• **Analyse des ressources de financement**
– Quelle est la part des capitaux propres par rapport à l'endettement long terme, ce ratio devrait être au moins égal à 1 ?
– Quel est le ratio d'endettement net (endettement net/capitaux propres), ce ratio peut atteindre 2, voire plus dans certaines entreprises à fort potentiel.
– L'entreprise a-t-elle des capacités de remboursement ? Le ratio d'endettement/CAF moins de 3 ou d'endettement/*cash flow* des activités opérationnelles.
– Globalement, les créanciers sont-ils en situation de risque ? Voir le ratio Capitaux propres/total Bilan > 25 % pour une activité industrielle et 20 % pour une activité de négoce.

ANALYSE DE LA LIQUIDITÉ ET DE L'ÉVOLUTION DE LA TRÉSORERIE

L'objectif est de détecter les difficultés de trésorerie possibles à court terme, mais aussi d'étudier les mouvements de trésorerie au cours d'un exercice comptable. Cette analyse passe d'abord par une bonne compréhension des BFR de l'entreprise.

• **Analyse du BFR**
Le BFR en jours de CA mesure les besoins d'exploitation et les exigences du métier de l'entreprise en terme de capitaux nécessaires au bon fonctionnement de l'activité.

Une analyse plus approfondie du BFR passe par l'étude des ratios de rotation en valeur et en évolution.

– Rotation des stocks selon la décomposition de ces derniers en marchandises, matières premières, en-cours et produits finis. Les variations de ces ratios conduisent à se poser les questions suivantes :

- augmentation ou diminution du coût des matières premières, effets de change ;
- changement dans le mode de fabrication ;

· changement de produits ;
· stockage en interne ou en externe ;
· difficultés ou au contraire améliorations dans le processus de fabrication ;
· mais d'une manière générale, quand la rotation des stocks est lente, qu'elle soit voulue par l'entreprise (politique commerciale) ou subie (exigence des partenaires, activité cyclique), les stocks correspondent à des capitaux bloqués dans l'entreprise qui poseront le problème d'accès aux ressources pour les financer et le problème du coût de ces ressources de financement.

– Délais de règlement clients :
· effort fait sur le recouvrement ou au contraire manque d'actions ;
· avances clients ;
· changement des conditions de paiements car nouveaux clients, forte concurrence, nouvelle réglementation ;
· qualité de signature des clients et menaces de délais supplémentaires à venir...

– Délais fournisseurs :
· nouvelles conditions de règlement ;
· nouveaux fournisseurs ;
· difficultés de règlement qui se cachent derrière un allongement des délais ou des délais anormalement longs...

D'autres éléments du BFR peuvent générer des besoins de financement. Il faut voir si les éléments du BFR dits « hors exploitation » (sans rapport avec le cycle et non récurrents) sont ponctuels ou non et s'ils peuvent mettre en risque l'entreprise.

• **Analyse de la trésorerie**

– Si la trésorerie est positive, l'on s'interrogera sur son niveau, sur le pourquoi (faire face à certains risques, se préparer à une acquisition) et sur la bonne gestion de cette trésorerie (produits financiers en cohérence avec son volume ?).
– Si elle est négative, on surveillera le ratio : trésorerie nette négative/BFR. Si le niveau est élevé – inférieur à 30 % – l'entreprise et les créanciers courent un risque important.
– Le ratio de liquidité immédiate : trésorerie actif/dettes à court terme permet de vérifier rapidement si l'entreprise peut se trouver en difficulté.

D. Analyse de la rentabilité

Après avoir étudié la profitabilité de l'entreprise, ses équilibres financiers et sa trésorerie, nous pouvons faire le lien entre activité et bilan par l'analyse des ratios de rentabilité qui conduisent à la démarche de création de valeur.

– Rentabilité économique : résultat d'exploitation net/capitaux engagés. Elle permet de voir d'un exercice à l'autre si la rentabilité augmente. Ses variations peuvent être analysées décomposant la rentabilité économique entre profitabilité et intensité capitalistique : (REXnet/CA) × (CA/capitaux engagés). L'analyse de ces quatre critères permet d'expliquer la variation de ce ratio :

- amélioration ou détérioration des marges ;
- investissements ou désinvestissement ;
- accroissement du BFR ou au contraire contraction.

Les entreprises se comparent très souvent entre elles sur ce ratio qui est très utilisé dans la communication financière. Il paraît normal que les capitaux engagés dégagent un rendement qui soit supérieur à celui d'un placement sans risque sur le marché donc d'au moins de 8 ou 9 %.

– Rentabilité financière : le ratio résultat net/capitaux propres permet de vérifier si le rendement des capitaux propres est acceptable pour les actionnaires.

Cette approche est à compléter avec celle du coût moyen pondéré des capitaux (coût de l'endettement et rendement attendu des actionnaires). La comparaison avec la rentabilité économique permet de voir si l'entreprise crée de la valeur pour ses actionnaires ou non. Les différents composants de la création de valeur peuvent être analysés afin de voir comment elle évolue en particulier comment joue l'effet de levier : rapport entre endettement et capitaux propres, entre rentabilité économique et rentabilité financière. L'approche du coût moyen pondéré des capitaux et donc de la création de valeur n'est pas toujours possible car elle repose sur une hypothèse de rendement attendu qui n'est pas toujours traduisible en chiffre en particulier dans les PME à caractère familial.

E. L'analyse par les flux

À travers l'analyse des flux, nous retrouvons la dynamique que nous n'avions pas eue lors de l'approche plus statique de l'activité et de la structure du bilan.

À partir de l'EBE, on peut vérifier comme la trésorerie varie en positif ou négatif dans l'entreprise mais cette approche peut être plus globale si au lieu de se restreindre à l'EBE on part de la Capacité d'autofinancement c'est ce que l'on peut analyser à partir du tableau des flux :

– 1er niveau de trésorerie : EBE – variation de BFR = excédent de trésorerie d'exploitation. Cet ETE permet de voir si l'activité de base génère des flux positifs. Si l'activité est créatrice de très gros BFR, il est possible que l'ETE soit négatif et dans ce cas l'entreprise va être en prise avec de très graves difficultés de trésorerie

– 2e niveau : CAF – variation de BFR = *cash* sur activités opérationnelles. Ce *cash* permet-il de financer les investissements dits récurrents ? Permet-il de financer une partie des investissements stratégiques, permet-il de rembourser les crédits bancaires ? permet-il de payer des dividendes aux actionnaires ? L'analyse de ce *cash* est donc à mettre en relation avec les investissements.

– Le *free cash flow* ou *cash* après investissements est ce qui reste avant les opérations de financement. S'il est positif, permet-il de rembourser les dettes et de payer les dividendes, s'il est négatif, comment l'entreprise le couvre-t-elle ?

par augmentation de capital, par nouvel emprunt ou simplement par sa trésorerie existante ?

Tous ces mouvements sont tracés dans le tableau des flux qui permet donc de vérifier :

– la profitabilité de l'entreprise à travers son résultat net et sa CAF ;

– la transformation de cette profitabilité en trésorerie avec prise en compte des variations de BFR qui vont s'analyser comme principalement des variations de stock, variations de comptes clients et variations de dettes fournisseurs ;

– la politique d'investissement, audacieuse ou conservatrice ;

– les désinvestissements, actions récurrentes ou délibérées pour dégager des flux de trésorerie ;

– la politique de financement, avec une répartition entre capitaux propres et endettements ;

– la politique de distribution de dividendes ;

– les conséquences de toutes ces actions sur la trésorerie de l'exercice.

L'analyste peut donc compléter son diagnostic en lui donnant une vision plus stratégique et une mise en perspective.

F. Points forts/points faibles

Le diagnostic doit se conclure par une synthèse qui reprend les points forts et les points faibles de l'entreprise.

Le tableau suivant reprend les différents point évoqués précédemment, pour mener un diagnostic économique et financier d'une entreprise, mais de façon synthétique ce qui permet d'aboutir plus facilement à une conclusion exprimée par une note sur la santé de l'entreprise.

Quand ce tableau est informatisé avec des appréciations chiffrées de chaque point évoqué et avec une pondération qui donne plus d'impacts à certains points, on aboutit à une note qui peut varier de 1 à 10. Dans notre tableau, la note sera moins fine, donc nous avons jugé suffisant de prévoir uniquement 5 positions.

Tableau 13.1

Fiche de diagnostic et cotation SOCIETE : X			
Risques immédiats		**Risques différés**	
Atouts	**Handicaps**	**Opportunités**	**Menaces**
Opérationnels		**Options stratégiques/Offre & demande/marché & concurrence**	
Évolution du CA et des marges (à comparer au secteur)		Conjoncture économique générale	
		Fluctuations monétaires	
Politique commerciale : relations avec la clientèle, image, notoriété, qualité des clients…		Les concurrents actuels et potentiels : force et faiblesse, actions attendues. En général, évolution prévisible du marché et de la part de l'entreprise	
Sources d'approvisionnement		Rentabilité économique (rentabilité des capitaux investis). Évolution de l'EBE/CA	
Positionnement de gammes. Évolution du marché et des parts de marché, avantages concurrentiels		Évolutions technologiques. Apparition des produits de substitution. Recherche & développement	
		Sous-traitance : avantages et risques. Degré de dépendance vis-à-vis des clients, fournisseurs (ou sous-traitants). Et marges de négociation	
		Politique du groupe (si filiale)	
Financiers : indicateurs à court terme		**Financiers : indicateurs à moyen terme**	
Charges financières/EBE. *Cash flow* opérationnel : niveau positif ou négatif		Choix de financement et adéquation des ressources aux besoins : analyse du tableau des flux. Marges d'accroissement des capitaux structurel et actif cessible	
Trésorerie nette/BFR. Niveau et évolution du ratio. Recherche du niveau réel des dettes (charges d'intérêt/ dettes financières apparentes)		Niveau et évolution des BFR et de ses composantes : marges d'évolution des délais moyens (stock, clients, fournisseurs)	
BFR en jours de CA : évolution et causes. Cohérence des stocks, clients et fournisseurs par rapport à l'activité, au secteur, à la stratégie. Taux de refinancement du poste client et marge de manœuvre		Analyse des indicateurs de structure financière : – capitaux propres/total bilan – dettes financières/capitaux propres – dettes financières/CAF – annuités de remboursement/ *cash flow*	
Niveau des dettes fiscales et sociales		Rentabilité financière (RN/ capitaux propres)	

Tableau 13.2

Humains, organisationnels & juridiques		Humains, organisationnels & juridiques	
Risque juridique. Conflit entre associés.		Forme juridique, potentiel de conflit ou de modifications de structure juridique, pactes d'actionnaires, etc.	
Problèmes de santé des dirigeants et de succession. Moralité et compétence des dirigeants Implication des associés.			
		Si groupe : relations avec le groupe et éventuellement analyse de la santé du groupe.	
Formation du personnel. Climat social.		Qualification du personnel et son degré d'implication, *turn-over*.	
Changement de méthode comptable			
Outil de production : obsolescence, modernisation, adaptabilité...		Insuffisances ou excès d'investissement. Retards dans le processus de production. Degré d'amortissement.	
		Politique du groupe (si filiale)	
Environnement réglementaire et institutionnel		**Environnement réglementaire et institutionnel**	
Normes produits		Normes produits : évolution prévisible	
		Évolution de la fiscalité en général et dans le domaine de l'entreprise en particulier	
Procès en cours		Réglementations nouvelles	
Risques de change		Risques pays et risques de change	
		Dépendance des pays à risques	

Cotation risque immédiat :
A : Risque faible
B : Risque moyen
C : Risque élevé
D : Risque très élevé
E : Situation de crise

Cotation risque différé :
1 : Faible
2 : Moyen
3 : Élevé
4 : Très élevé
5 : Risque excessif

3. Autre démarche méthodologique

Le diagnostic financier présenté précédemment est assez statique il est possible dans la démarche de le rendre plus dynamique en reliant l'analyse du compte de résultat et celle du bilan avant de faire l'analyse du tableau des flux.

CONNAISSANCE DE L'ENTREPRISE ET DE SON ENVIRONNEMENT

Pour cette partie, se reporter à la démarche précédemment évoquée :
- l'entreprise comme entité juridique ;
- l'aspect commercial ;
- ses approvisionnements et sa production ;
- ses ressources humaines ;
- autres points caractéristiques.

ANALYSE DE L'ACTIVITÉ À TRAVERS LE COMPTE DE RÉSULTAT

– le chiffre d'affaires ;

– **l'analyse de la profitabilité et des flux de trésorerie :** dans l'analyse de la profitabilité, nous étudions la marge brute commerciale et la marge sur achats et l'EBE.

– **comment l'EBE, qui est le premier niveau de profit dans l'entreprise, se traduit-il par de la trésorerie ?** Afin de répondre à cette question, il faut se référer à l'ETE (excédent de trésorerie d'exploitation) : EBE – Variation de BFR et donc analyser les évolutions de BFR. Si l'ETE est positif, il convient de voir si la trésorerie est suffisante par rapport aux besoins restant à couvrir dans l'entreprise c'est-à-dire les charges de financement, les charges exceptionnelles, la capacité à financer une partie des investissements. Si tout en étant positif, son évolution n'est pas favorable, il faut regarder les évolutions de BFR en détail : c'est-à-dire comment le BFR se dégrade. Les ratios de rotation de stock de délais de recouvrement clients et de paiement des fournisseurs doivent permettre de répondre à ces interrogations. Si l'ETE est négatif, les questions à se poser concernent les marges et aussi les variations de BFR. Faire la même analyse sur les rotations de stocks, clients et fournisseurs. L'entreprise peut être en danger de défaut de paiement si elle n'a pas une trésorerie suffisante pour faire face à un ETE négatif ou bien si les banques n'acceptent pas d'aller au-delà des en-cours actuels ;

– évolution du résultat d'exploitation et sa part dans le chiffre d'affaires (voir démarche précédente) ;

– évolution du résultat financier (voir démarche précédente) ;

– le résultat net (voir démarche précédente) ;

– **la CAF et sa capacité à se transformer en flux de trésorerie.** Comme nous l'avons fait dans cette démarche pour l'EBE, nous allons nous poser la question des flux de trésorerie générés par la capacité d'autofinancement. Cette dernière est l'EBE impacté positivement ou négativement par d'autres éléments à caractère monétaire. La CAF est une donnée théorique qu'il faut transformer en donnée pratique, c'est-à-dire en flux de trésorerie. La variation de BFR permet cette transition : CAF – variation de BFR = flux de trésorerie opérationnelle. L'évolution de ce flux va donc s'analyser à la fois par la CAF et les variations de BFR. Comment la CAF est-elle constituée ? Quelle est la part du résultat, la part des dotations aux amortissements et provisions (dites charges calculées) ? Comment évolue le BFR ? Soit l'analyse des évolutions des rotations comme déjà évoquées pour l'ETE. L'incapacité de l'entreprise à dégager des flux de trésorerie opérationnelle va entraîner une diminution de la trésorerie ou des financements supplémentaires. Dans les deux cas, le résultat financier est impacté soit par la diminution des produits de placement soit par l'augmentation des charges financières.

ANALYSE DE LA STRUCTURE

– analyse de la solvabilité ;

– analyse de la liquidité et de l'évolution de la trésorerie. L'analyse du BFR et de son évolution a déjà été faite soit en commentant l'ETE soit en commentant les flux de trésorerie opérationnelle. C'est pourquoi nous n'analyserons ici que la trésorerie comme résultante des différents équilibres du bilan et comme critère de solvabilité, c'est-à-dire répondant aux questions : la trésorerie est-elle raisonnable par rapport au BFR (ratio Trésorerie/BFR) ; est-elle acceptable par rapport au chiffre d'affaires : trésorerie/chiffre d'affaires… ?

– analyse de la rentabilité.

SYNTHÈSE DES FLUX

POINTS FORTS/POINTS FAIBLES

CONCLUSION

Pour mener le diagnostic financier pertinent d'une entreprise, il est indispensable de maîtriser le langage comptable, la signification des documents de synthèse et des principaux postes qui y figurent.

Cette maîtrise permet de relativiser l'intérêt des informations qu'on en retire et d'en constater les limites.

Plus particulièrement, la logique juridique et fiscale de la comptabilité générale, tel qu'elle est pratiquée et obligatoire en France, ne permet pas toujours d'avoir une vision économique d'où la nécessité de recourir à des retraitements divers pour rapprocher les comptes le plus possible de la réalité économique de l'entreprise.

Les retraitements ne sont pas toujours faciles à effectuer, et rares sont les partenaires qui ont accès à toutes les informations nécessaires pour les réaliser.

Nous avons, tout au long des deux premières parties de cet ouvrage, commenté les retraitements à faire, leur nature et leur utilité, tout en évoquant la difficulté de les obtenir pour des partenaires externes à l'entreprise ainsi que les différentes solutions qui s'offrent à ces derniers pour faire les retraitements indispensables. Certains partenaires externes, tels que les agences de notation et les banquiers, peuvent obtenir des informations en direct en posant des questions aux dirigeants d'une entreprise, en enquêtant sur le marché ou encore en commandant des études et analyses de marchés auprès des organismes spécialisés. (D'autres partenaires, tels que les fournisseurs et les clients, peuvent, en fonction des rapports de force et des enjeux, avoir la même démarche que les agences de notation et les banques.)

L'arrivée des normes comptables internationales IFRS, qui s'appliquent depuis 2005 aux groupes consolidés et cotés, peut contribuer à résoudre largement le problème des retraitements puisque la logique de ces normes comptables est de privilégier la vision économique de l'entreprise à la vision juridique et fiscale (le fond prime sur la forme - *substance over form*).

Cependant, les points suivants sont à noter :

1. Les normes IFRS ne s'appliquent pas aujourd'hui aux PME. Le plan comptable français est obligatoire pour les comptes sociaux des entreprises. Une version spécifique (un peu allégée) des normes IFRS a été élaborée par l'organisme international chargé de réglementation comptable : l'IASB. Ce référentiel ne s'appliquera en France qu'après la décision du gouvernement français.

2. L'application des normes IFRS pour les PME ne sera probablement effective que dans quelques années, et surtout elle ne sera probablement jamais appliquée au niveau des TPE c'est-à-dire les très petites entreprises qui répondent en général à deux des critères suivants :

- chiffre d'affaires < à 7,3 millions d'euros (Le seuil de chiffre d'affaires pourrait être relevé à 10 millions d'euros) ;
- nombre de salariés < à 50 ;
- total bilan < 3,65 millions d'euros.

Les raisons de la non-application des normes au niveau des PME sont multiples, on peut en citer quelques unes à titre d'exemple :

- la position du fisc français et les contraintes juridiques liées au Code de commerce ;
- la lourdeur des opérations comptables pour l'entreprise et les coûts qui en découlent : coûts liés à la formation du personnel comptable et financier, aux changements des logiciels comptables (les nouvelles normes exigent un lien entre les documents de reporting interne et les documents de synthèse publiables), aux honoraires des commissaires aux comptes, etc.
- la subjectivité qui peut découler de l'application des normes internationales et la confiance que les partenaires externes de l'entreprise peuvent accorder aux choix des dirigeants.

3. La position de la France aujourd'hui consiste plutôt à intégrer à petites doses les normes internationales pour habituer les entreprises et leurs partenaires externes peu à peu à cette nouvelle approche comptable. Ainsi, la comptabilisation des immobilisations a été impactée légèrement, mais surtout la comptabilisation des amortissements, des provisions et des dépréciations d'actifs, la comptabilisation des frais de recherches et développement, des charges à répartir, etc., sont très largement inspirées des méthodes comptables internationales.

À l'heure actuelle, en l'absence d'harmonisation des référentiels internationaux et nationaux, les analystes doivent donc continuer à retraiter les documents sociaux de manière à les rendre plus « économiques ».

Cependant, une grande question s'impose à nous à ce niveau : est-ce que l'application des normes IFRS va modifier de façon significative l'analyse des documents comptables ? Est-ce qu'elle remettra en cause toute la démarche d'analyse abordée dans cet ouvrage ?

En principe non car les méthodes d'analyse financière et l'utilisation de certains indicateurs et outils d'analyse ont déjà été largement impactés par les méthodes d'analyse anglo-saxonnes dont les IFRS se sont largement inspirées. Citons l'utilisation du tableau de flux, des ratios de rentabilité économique et financière (ROCE et ROE), des ratios d'endettement (le gearing), etc.

Cet ouvrage devrait donc garder toute sa pertinence durant de nombreuses années !

Conseils bibliographiques

Prérequis comptables

Friedrich (Jean-Jacques), *Comptabilité générale et gestion des entreprises*, Hachette éducation, 2007.

Sopel (Daniel), *Immobilisations et amortissements*, Hachette, coll. Top'Actuel, 2008.

Obert (Robert) et **Mairesse** (Marie- Pierre), *DCG 10 comptabilité approfondie*, Dunod, 2007.

Lectures complémentaires pour approfondir le diagnostic financier

Vernimmen (Pierre), *Finance d'entreprise*, Dalloz, 2002.

Solnik (Bruno), *Gestion financière*, Dunod, 2005.

Lectures complémentaires

Collette (Christine) et **Richard** (Jacques), *Système comptable français et normes IFRS*, Dunod, 2004.

Sites internet

www.sfaf.com : la Société française d'analystes financiers (SFAF) met en ligne quelques dossiers spécifiques liés à la finance de l'entreprise, possibilités d'abonnement.

www.vernimmen.net : des extraits de l'ouvrage de référence cité plus haut en conseil bibliographique, des statistiques concernant les entreprises et leurs principaux ratios, un lexique, possibilité de consulter en français ou en anglais.

www.minefi.gouv.fr/directions_services/CNCompta : le site du Conseil national de la comptabilité (CNC), pour une mise à jour et les nouveautés apportées au plan comptable. Les thèmes d'actualité et de débats sur l'évolution des normes comptables. Mais aussi pour approfondir certains aspects et le traitement de certains postes.

Index alphabétique

Nota :
les numéros renvoient aux pages.

Imprimé en France par Hérissey à Évreux - N° 108700
dépôt légal : juin 2008 - Collection 02 - édition 01

14/5892/6